IBRASA
LIVROS QUE
CONSTROEM

CB122342

Biblioteca "FILOSOFIA" – 3

Volumes Publicados:

1. Pitágoras e o Tema do Número — Mário Ferreira dos Santos
2. Platão – O Um e o Múltiplo — Mário Ferreira dos Santos

O Sentido das Raças

P487 SCHUON, Frithjof

O Sentido das Raças / Frithjof Schuon.

Tradução de Alberto Vasconcellos Queiroz; Mateus Soares de Azevedo; Sérgio Sampaio S. Azevedo – São Paulo: IBRASA, 2002.

128 p.

Bibliografia

ISBN 85-348-0204-1

1. Filosofia 2. Raça 3. Arte 4. Revisão: Alberto Vasconcellos Queiroz. I. Título II. Série

CDU 130.2:7.01

Índice para catálogo sistemático:

Filosofia da Cultura: 130.2

Arte: 7.01

Maria José Oliveira

Bibliotecária CRB 5641/8

Frithjof Schuon

O Sentido das Raças

Tradução

Mateus Soares de Azevedo
Sergio Sampaio S. Azevedo
Alberto Vasconcellos Queiroz

Ibrasa - Instituição Brasileira de Difusão Cultural Ltda.
São Paulo - SP

Direitos desta
edição reservados à

IBRASA
INSTITUIÇÃO BRASILEIRA DE DIFUSÃO CULTURAL LTDA.

Rua 13 de Maio, 365/367
Fone/Fax: (0xx11) 3107-4100/3107-3513
CEP: 01327-000 – São Paulo – SP
ibrasa@ibrasa.com.br
WWW.IBRASA.COM.BR

Capa e Arte final de
Antonio Carlos Ventura

Editoração eletrônica de
Set-up Time Artes Gráficas

Revisão
Alberto Vasconcellos Queiroz

Impresso em 2002

Coleção "Filosofia"

A *Coleção Filosofia* tem a intenção de propiciar ao leitor o acesso a obras raras de grandes filósofos e pensadores de reconhecida autoridade e qualidade.

Filosofia e Sabedoria no sentido Tradicional – enquanto conhecimento do Imutável e das Idéias – permitem o desenvolvimento de um saber profundo, gerando a possibilidade da compreensão das causas primeiras e dos princípios, assim como das ciências que delas derivam.

Filosofia em sintonia ética e moral com a Sabedoria em busca do Bem, do Belo e da Verdade: pois só é sábio o filósofo que vive o seu conhecimento. Saber é Ser.

Os Filósofos enquanto amigos e amantes da sabedoria, pensam e se inspiram com o Intelecto/Coração e não somente pela razão.

Esperamos contribuir para que o homem do nosso tempo possa resgatar, com estas obras, a transcendência do pensamento na construção de uma vida mais humana.

Aluízio Rosa Monteiro Jr.

Índice

APRESENTAÇÃO

Este é um livro "à antiga". Com isto não se quer dizer que seja algo fixado no passado e, conseqüentemente, superado. Significa, pelo contrário, que ele veicula uma sabedoria que tem atravessado épocas e continentes. Uma visão, portanto, que é universal e também perene. Que contém uma mensagem relevante. Que não é apenas mais um volume produzido e descarregado nas prateleiras das livrarias por esta fábrica de descartáveis em que se transformou a maior parte da indústria editorial no Brasil e no mundo.

Dizemos que é um livro à antiga justamente porque foi feito para durar, para resistir às modas e aos modismos culturais e ideológicos. Uma obra com potencial para esclarecer mentes com suas formulações inteligentes, tocar corações com sua beleza e seu equilíbrio, impulsionar vontades com o vigor de suas idéias. Mesmo que não se concorde com tudo o que o autor coloca, não há como escapar da evidência de que aqui nos deparamos com algo elevado, original, com um autor generoso que compartilha seu agudo discernimento e sua perspicácia com o leitor interessado.

Este obra, definitivamente, não é um objeto descartável, fabricado sob encomenda para saciar a sede de esquisitices e excentricidades do mercado. Não é um volume que comunga da pressa e do ritmo frenético do mundo moderno. É, antes, para ser lido, depois relido, sem pressa, meditando e refletindo cada página, cada pensamento.

De fato, olhando ao nosso redor, percebemos que um dos aspectos mais imediatamente salientes do mundo moderno é o ritmo cada vez mais veloz com o qual as coisas acontecem e através do qual as mudanças se sucedem. Na esfera da cultura, dos costumes, da economia, da política, das relações sociais, bem como no mundo do trabalho (cuja importância está longe de ser negligenciável, dado que a ele é dedicado em geral mais da metade do dia, e que ademais é imposto a muitos de nossos contemporâneos cada vez mais como uma "religião"), tudo transcorre numa celeridade tal que mal se tem tempo de apreender, compreender e "digerir" existencial e intelectualmente as novas realidades que nos são bombardeadas, e elas já estão a ponto de se tornar passado.

E a esta característica de frenético ritmo de mudanças em todos os campos da vida acrescenta-se uma conseqüência, tão vital como esta mesma constatação: não se sabe mais para onde estamos indo. A rapidez é tal que não há como acompanhar criticamente o que passa voando sob nossos olhos e nossos corações. A agudeza do ritmo entorpece nossas faculdades mentais e não nos permite mais refletir adequada e profundamente sobre o que sucede e qual o destino último a que esta senda vai nos conduzir.

Desnecessário enfatizar o quanto esta situação tem de perigosa e preocupante. Afinal, nem a velocidade nem a pressa são um bem. A imagem que vem à mente é a de um veículo avançando num ritmo frenético; qualquer distração, qualquer imprevisto, qualquer obstáculo maior e o choque, certamente violento, será inevitável. Choque com a própria realidade das coisas, que é real, objetiva, fria, e com limites e demarcações bem claros e nítidos, independentemente de nossas vontades e desejos.

Talvez seja por isto que a filosofia, uma das disciplinas cuja missão é justamente refletir sobre este estado de coisas, tenha perdido muito de sua relevância passada; de maneira geral, os filósofos não têm conseguido captar a realidade atual em seu cerne com a agudeza e penetração que ela exige. Nem todos eles, afortunadamente, acham-se perplexos e confusos.

Ainda há uns poucos autênticos "filósofos", amigos da sabedoria. Altivamente situados e quase que solitariamente separados das turbas agitadas e sedentas de novidade, eles podem penetrar a quintessência das coisas com objetividade e imparcialidade, baseados em cumes dificilmente acessíveis ao pensador pedestre.

Desses visionários, o século XX conviveu com alguns poucos. O filósofo, poeta e pintor suíço-alemão Frithjof Schuon (1907-1998) foi, no ver de muitos, o que mostrou visão mais aguda e o que posicionou-se no sítio mais estratégico. René Guénon (1886-1951), metafísico e esoterista francês, Ananda K. Coomaraswamy (1877-1947), sábio indiano de cultura enciclopédica, e Titus Burckhardt (1908-1984), filósofo e crítico de arte alemão, foram alguns outros dos que conseguiram ver as engrenagens profundas do mundo contemporâneo com nitidez, distinguindo as estruturas básicas do que é apenas propaganda e *wishful thinking*. Como o próprio Schuon uma vez escreveu, praticamente ninguém acreditava que, já no início do século XX, o mundo estava seriamente enfermo; Guénon e Coomaraswamy pregavam então no deserto do racionalismo ocidental. Com os horrores da Primeira Grande Guerra, começou-se a pensar que, bem, nem tudo eram flores, e, da Segunda Guerra em diante, quase toda pessoa conseqüente passou a aceitar que o mundo padecia sim de alguma doença séria. Mas o que está ao alcance de muito poucos é identificar as raízes do problema. E mais ainda saber qual a melhor terapia a aplicar contra o mal.

Em nossos dias – prossegue Schuon – fala-se que, para lutar contra o materialismo, a tecnocracia e a pseudo-espiritualidade, é preciso uma nova ideologia, impermeável às seduções e capaz de congregar os de boa vontade. Ora, ele adverte, a necessidade de uma ideologia, ou o desejo de opor uma ideologia a outra, já é uma admissão de fraqueza, e as iniciativas que partam desta perspectiva estão a seu ver fadadas ao fracasso. O que é preciso é rebater as falsas ideologias com a verdade, que sempre existiu e a qual não poderíamos inventar.

Esta é a chave do problema, e é justamente ela que Schuon maneja primorosamente em *O sentido das raças*, talvez a obra sua na qual melhor discuta os impasses e desafios da sociedade humana. Na verdade, toda a vasta obra de Schuon – 23 livros de filosofia, espiritualidade, religião comparada, arte e cultura, já traduzidos para as principais línguas do mundo, inclusive o Português – ergue-se altivamente no mundo contemporâneo como uma manifestação do discernimento e intuição intelectual que tanta falta nos faz.

Neste livro que a *IBRASA* muito oportunamente coloca agora a disposição dos leitores de língua portuguesa, Schuon começa por abordar três assuntos distintos uns dos outros, mas que não obstante se interligam em profundidade graças à perspectiva singular do autor. São eles os tipos humanos fundamentais – ou "castas"–, as raças e a arte universal.

O capítulo acerca da significação profunda para a existência das várias raças que compõem o gênero humano com certeza surpreenderá favoravelmente o leitor. Originalidade, objetividade e precisão, além da extraordinária riqueza de intuições e de detalhes, caracterizam a maneira pela qual Schuon aborda as dimensões intelectuais, artísticas, físicas e psicológicas das três raças fundamentais – a branca, a amarela e a negra, incluindo suas várias subdivisões. Se a condenação inapelável do racismo é senso comum entre nós, o mesmo não se pode dizer da compreensão da idéia de que as raças têm, sim, uma forte razão suficiente para sua existência. Ou seja, suas características exteriores, como cor da pele, conformação da face e do corpo, diferenças psicológicas e outras, têm uma clara razão de ser. Se a questão não é a de suposta superioridade de uma raça sobre outras, o que seria racismo, também se deve mostrar as insuficiências de um "anti-racialismo" achatador, que nega as óbvias características específicas e, portanto, as ricas e profundamente significativas diferenças entre negros, amarelos e brancos. E em seguida, as diferenças entre os dois subgrupos principais destes últimos, os semitas (incluindo árabes e judeus) e os arianos (orientais e ocidentais, ou basicamente europeus "ativos" e indianos "contemplativos"). Uma das dimensões da questão que Schuon aborda com incrível perspicácia é a do gênio artístico que é único a cada raça, bem como suas maneiras de pensar, suas atitudes, sua cultura e sua psicologia, tudo isto de forma muito realista e mediante um estilo vívido e interessante. "Para compreender o sentido das raças, ele escreve, é importante ver antes de tudo que elas derivam de aspectos fundamentais do gênero humano, e não de alguma causa fortuita da natureza."

Não resistimos a antecipar aqui um pequeno trecho deste ensaio que, acreditamos, deixará desde o início fascinado o leitor interessado, e que demonstra a profunda capacidade de observação do autor e seu senso de equilíbrio intelectual. Trata-se de um trecho sobre as distintas características físicas das três raças principais, mais especificamente no que diz respeito ao órgão da visão:

> *"A originalidade respectiva das raças aparece de uma maneira particularmente inteligível nos olhos: o olho do branco é em média profundamente engastado nas órbitas, ele é móvel, penetrante e transparente; a alma "sai" com o olhar e ao mesmo tempo aparece, em sua passividade, através dele. Completamente diferente é o olho do homem amarelo: fisicamente à flor da pele, ele é em geral indiferente e impenetrável; o olhar é seco e leve como um traço de pincel sobre a seda. Quanto ao negro, seu olho é ligeiramente proeminente, pesado, quente, úmido; seu olhar reflete a beleza tropical, ele combina a sensualidade – às vezes a ferocidade – com a inocência; é o olhar latente e profundo da terra. O olho do negro exprime o que sua face é, ou seja, uma sorte de pesada contemplatividade, ao passo que no branco, que é mais "mental", a face parece exprimir o fogo vivo do olho; no amarelo, o olho atravessa, como um raio de lucidez impessoal, o que a face tem de estático ou de "existencial". Um dos principais encantos do tipo mongólico está nesta relação complementar entre a passividade existencial da face – uma certa "feminilidade" se se quiser – e a implacável lucidez dos olhos, este fogo frio e inesperado que se acende em uma máscara."*

Com ricas e sugestivas imagens, Schuon expõe, assim, o gênio singular de cada grupo étnico, contribuindo desta maneira para derrubar preconceitos.

Este ensaio sobre as raças, juntamente com o texto sobre as castas que o antecede constituem o eixo principal do livro, propiciando à consideração do leitor uma peça completa, feita de "trama" e "urdidura". Esta última constitui o plano "vertical", representado pelas castas, vistas aqui como tipos gerais aplicados a toda a humanidade. A "trama" é representada pelas raças, já que elas cruzam "horizontalmente", em todas as geografias, os pilares representados pelos quatro tipos humanos fundamentais como colocados no primeiro capítulo. Afinal, em cada raça encontram-se esses tipos: "contemplativos", "nobres", "burgueses" e "servos". Castas e raças representando, assim, aspectos basilares do ser humano, as primeiras na dimensão "vertical" e as segundas na dimensão "horizontal".

No ensaio sobre a significação das castas, Schuon relembra o perene ensinamento, presente em várias civilizações – mas não na ocidental moderna – de que no que tange às suas tendências fundamentais, os homens podem ser vistos como pertencendo a quatro tipos principais – e isto não tem nenhuma relação com a estrutura social da modernidade, baseada *grosso modo* apenas na força do dinheiro. Em termos hindus, estes tipos são os *brâhmanes*, os *kshatrias*, os *vaichas* e os *shudras*. Ou os contemplativos, a "autoridade espiritual", cujo símbolo é a boca, por ter como função transmitir a verdade. A aristocracia, o "poder temporal", cujo símbolo são os braços, por exercer o poder. Os comerciantes, artesãos, agricultores, a vasta e desigual "classe média", cujo símbolo são as pernas, pela ligação com o mundo do trabalho material. E finalmente o quarto tipo, o servo, o trabalhador sem qualificação, cujo símbolo são os pés, que sustentam o corpo com sua força. Apesar das diferenças de funções e perspectivas, vê-se que simbolicamente as "castas" pertencem a um mesmo "organismo" e operam com vistas à sua harmonia e ao seu equilíbrio.

Schuon vai muito além de uma simples descrição do sistema tal como praticado na Índia por milênios, encarando as "castas" como inclinações espirituais basilares que indicam as tendências fundamentais, as concepções intelectuais, as principais motivações e mesmo a estrutura psicológica profunda de cada homem e mulher, de que sociedade for, mesmo das que não se fundam sobre esta concepção, já que para nosso autor estas tendências estão inscritas como uma escritura eterna na substância mesma do ser. Esta concepção de quatro estratos fundamentais da sociedade repousa, por assim dizer, na natureza das coisas. Não é, ademais, a posição social de um indivíduo que determina sua natureza mais profunda; a maior parte dos brâhmanes da Índia, por exemplo, são pobres. Estas tendências, forjadas pela hereditariedade, pelos talentos e vocações natos de cada um, não são obviamente exclusivas, e cada ente apresenta antes uma preponderância de uma ou outra destas tendências fundamentais. Para Schuon, o mundo moderno constitui uma civilização meio vaicha, meio shudra, o que explica seu desprezo pela contemplação, seu caráter mercantil e sua preocupação obsessiva com a economia e o "bem-estar", este concebido em modo puramente materialista, sem levar em conta qualquer aspiração espiritual.

A rigor, poder-se-ia afirmar que estes tipos poderiam ser em número indefinido – há tantos caminhos como almas humanas, reza um dito tradicional –, mas, como Frithjof Schuon mesmo nos mostra, não há complexidade que não possa ser traduzida em uma síntese, constituindo esta última no quadro esquemático dos quatro tipos fundamentais como explicado pelo filósofo de Basiléia.

Acabamos de mencionar a cidade natal de Schuon. Aproveitaremos então para introduzir aqui um curto parêntese biográfico acerca da rica e estimulante vida de nosso autor, antes de prosseguirmos nas considerações sobre os demais capítulos. Descendente de família de alemães do sul, estabelecidos na Suíça, de religião católica, Frithjof Schuon nasceu na cidade de Basiléia, no norte helvético, na tríplice fronteira formada por Suíça, França e Alemanha, em 18 de junho de 1907, sob o signo de Gêmeos, portanto. Seu pai, professor de música no conservatório local e violinista, faleceu quando ele tinha 13 anos de idade, em 1920. O fato obriga-o, à mãe, e ao irmão mais velho (mais tarde, monge trapista na Abadia de Nossa Senhora de Scourmont, na Bélgica) a se mudarem para a cidade francesa de Mulhouse, onde viviam parentes maternos. Lá fica até por volta dos 20 anos de idade, quando segue para Paris para trabalhar como desenhista têxtil.

A partir daí, sua vida inclui muito estudo, meditação e proveitosos encontros com outras culturas mediante viagens a países de vários continentes, para contatar autoridades espirituais e religiosas, sejam budistas, hindus, islâmicas, cristãs e judaicas. Trava contato ainda jovem com as obras de René Guénon (1886-1951), a quem depois visita duas vezes no Cairo, Egito, onde o filósofo francês passou a viver a partir de 1930. Em 1932, vai a Mostaghanem, na Argélia, e estabelece contato com o famoso cheikh Ahmed al-Alawi, considerado o maior representante do sufismo no século XX, na verdade o seu *qutub*, ou "pólo espiritual". Em 1939, realiza o velho sonho de conhecer a Índia, terra do grande porta-voz da metafísica não-dualista do *Advaita Vedanta*, Shankara. Mas a irrupção da Segunda Grande Guerra o obriga a retornar imediatamente à Europa. Convocado pelo exército francês, o batalhão de Schuon é cercado e finalmente capturado pelos alemães, em junho de 1940; passa então algumas semanas detido num campo de prisioneiros em Besançon, mas consegue escapar para a Suíça, onde estabelece residência.

Em sua casa de Lausanne, mas também em diversas viagens a países europeus, africanos e asiáticos, mantém conversações com representantes autênticos de várias religiões, e também com filósofos, escritores, artistas e eruditos. Recebe mestres zen-budistas, como Sohaku Ogata. Tibetanos, como Lobsang Lhalungpa. O principal líder da escola budista Jodo-Shinshu, Shojun Bando. Cabalistas como Leo Schaia. Hindus como o swami Ramdâs, um dos maiores *bhaktas* indianos do século XX, e o pândita Hari Prasad Shastri. Autoridades ortodoxas russas e gregas, contemplativos e teólogos católicos, místicos do Islã. Estabelece relação com alguns dos grandes orientalistas da época, como Louis Massignon e Emile Dermenghem. T. S. Eliot, Nóbel de literatura diz de *A unidade transcendente das religiões*, primeiro livro de Schuon, publicado em 1948, que foi "a obra mais impressionante sobre as religiões do Ocidente e do Oriente que já lera".

Viaja à Grécia e aprofunda seus conhecimentos sobre o Hesicasmo e a "prece do coração", o "mantra" cristão por excelência. Na Turquia, visita a antiga residência da Virgem Maria, próxima de Éfeso. Deixa-se envolver, na Espanha, pela poderosa *barakah* da Virgem Macarena, de Sevilha, e de *Nuestra*

Senhora del Pilar, de Zaragosa; no Marrocos, pela bênção das *zawias* sufis e seu *dhikr* intermitente.

Em 1959 e 1963, passa temporadas na América do Norte, expressamente para aprofundar seu conhecimento da tradição indígena e reencontrar suas lideranças religiosas, que havia conhecido antes na Europa, especialmente das tribos Sioux e Crow, como Black Elk, Red Cloud e Yellowtail. Escreve textos fascinantes sobre a singular visão espiritual dos índios, sobretudo o livro *The Feathered Sun,* que contém também algumas de suas belas pinturas sobre o universo mágico dos peles-vermelhas.

Finalmente, em 1980, convidado por amigos americanos, e também um pouco em razão de seus contatos e interesse na espiritualidade "primordial" pele-vermelha, Schuon se muda para o oeste norte-americano, onde passa a viver em uma pequena chácara em Indiana.

Nos 40 anos que se passaram desde o aparecimento de seu primeiro livro, ele produziu outras 22 obras, escritas em francês e já traduzidas para 12 outras línguas, entre elas o Português, no qual já foram publicados *O Homem no Universo, A unidade transcendente das religiões, O esoterismo como princípio e como caminho,* e *Compreender o Islão.*

Podemos voltar agora, após este parêntese bio-bibliográfico, a *O sentido das raças. Princípios e critérios da arte universal,* terceiro capítulo da obra, trata da importância crucial que a arte tem na vida e na espiritualidade dos diferentes povos, da arte como expressão da sabedoria. Afinal, "o belo é o esplendor do verdadeiro", como ensina Platão. Parte de uma distinção basilar, a de arte sacra (ou espiritual) e arte profana (ou mundana), aplicando esta discriminação às diferentes culturas – a budista, a hindu, a cristã, a islâmica e a judaica. Detém-se nos fundamentos da arte cristã, que são os ícones da Virgem e do Menino-Deus, da Santa Face e o crucifixo, além da arquitetura das catedrais medievais românicas e góticas. Curiosamente, a arte búdica também está, como a cristã, centrada na imagem do portador da Revelação, neste caso o Buda, cuja presença é conservada e transmitida através principalmente da estatuária. Na arte hindu, é a música que dá a nota determinante, seguida pela dança –

Shiva cria e destrói os mundos "dançando". A arte chinesa deriva, de uma parte, de textos sacros, mas também da natureza virgem, que é vista como igualmente sagrada. As artes islâmica e judaica são não figurativas ou abstratas, sendo que esta última foi revelada na Torá e é exclusivamente sacerdotal; quanto à arte islâmica, tudo gira em torno da caligrafia aplicada ao Corão, dos arabescos e da arquitetura das mesquitas.

Quanto à arte moderna, Schuon critica a falta de critério no que tange à utilização dos materiais; a pedra, a madeira e o ferro, por exemplo, têm significados simbólicos precisos e não podem ser usados artisticamente sem discernimento. O mesmo vale para os valores objetivos e qualitativos das formas e das cores. Critica o uso maciço do concreto, como uma "falsificação quantitativa e vil da pedra", e do ferro, que invadem o mundo todo. A pretensão de ser sempre e a qualquer custo "original" e "singular", por parte do artista moderno, também é fustigada inapelavelmente. O Renascimento é caracterizado pelo gigantismo frio e a paixão; o surrealismo, um pesadelo com sua atmosfera de feiúra opressiva.

Foram incluídos ainda em *O sentido das raças* três dos últimos artigos publicados em vida por Schuon, que vieram a lume na década de 1990 nas páginas da revista norte-americana *Sophia*; com isto, propicia-se ao leitor brasileiro um contato com a produção mais recente do autor. *René Guénon: definições* é mais uma significativa contribuição de Schuon para o entendimento abrangente e matizado da obra deste autor, que é considerado o mais importante metafísico francês do século XX. O ponto alto dos aportes guenonianos centra-se na clarificação da autêntica metafísica, da gnose universal, do simbolismo, da dimensão esotérica das diversas tradições e na crítica da mentalidade relativista da modernidade. Quanto aos aspectos mais controversos, centram-se a nosso ver, nas limitações à compreensão em profundidade do legado místico e esotérico do Ocidente, sobretudo em sua vertente cristã. Guénon, por exemplo, não era versado nem em mestre Eckhart, nem em São Gregório Palamas, que não obstante são dois dos mais destacados e influentes expoentes da perspectiva sapiencial na tradição cristã.

Entre Oriente e Ocidente aborda as várias dimensões das convergências e divergências intelectuais, culturais e artísticas entre os dois "hemisférios espirituais" em que se divide o mundo, Oriental e Ocidental, considerando os vários aspectos do problema de uma maneira sempre equilibrada e matizada, balanceando-os e distinguindo sempre o essencial do secundário. Os "vícios característicos" do Ocidente – o materialismo, o racionalismo e o psicologismo – são fustigadas, sem descartar de outra parte a crítica de um "convencionalismo irracional" encontrável no Oriente. Pondera finalmente qualidades do homem ocidental, em geral desprezadas por autores "tradicionalistas", como o hábito de sempre se fiar na razão e de não obedecer reflexos convencionais, realçando não obstante que esta racionalidade é espiritualmente inoperante sem o conhecimento metafísico.

Finalmente, no último ensaio, Schuon trata da *Philosophia Perennis*, perspectiva intelectual da qual ele é o principal expoente, e que tem despertado crescente interesse nos anos recentes, não apenas na Europa Ocidental e América do Norte, mas também no Oriente e na América Latina. O termo *filosofia perene* foi cunhado na época do Renascimento, mais exatamente no século XVI, quando o bibliotecário do Vaticano e padre católico Agostinho Steuco utilizou-o em uma obra, mas a realidade que evoca nos parece tão antiga como o próprio homem. Para Schuon, a *filosofia perene* abrange a quintessência das expressões da sabedoria universal, e não é de propriedade exclusiva de nenhuma tradição em particular. O Vedanta não-dualista da Índia é o vetor mais explícito desta sabedoria, mas as escolas e correntes "sapienciais" das grandes religiões – como o Hesicasmo, a Cabala, o Sufismo, o Zen-Budismo etc. – a veiculam igualmente.

Penetração e rigor, análise densa, mas também e sobretudo síntese iluminadora, caracterizam a nosso ver este excepcional volume que é *O sentido das raças*. Constitui um ponto de referência privilegiado para compreender-se as inúmeras e ricamente variadas facetas da *sophia perennis*, incluindo organização da sociedade, pensamento, arte e cultura étnica. Trata-se de obra que certamente contribuirá para "arejar" consciências, levando-as a refletir criticamente sobre "dogmas" até aqui inquestionados do mundo moderno. Tudo isto transmitido num estilo original, que alia clareza e vigor intelectual com a presença de uma sutil, mas palpável "influência espiritual" – nosso autor, mestre do pensar e do escrever, não está interessado num conhecimento puramente livresco, mas sim naquele que, como o arado que rasga a terra a ser cultivada, possa revolver e laborar consciências para receber sementes do Bom, do Belo e do Verdadeiro.

Mateus Soares de Azevedo.

Mestre em História das Religiões pela Universidade de São Paulo – USP, e autor de *Religião e esoterismo*; *Mística islâmica – atualidade e convergência com a espiritualidade cristã*; e *Iniciação ao Islã e Sufismo*.

O Sentido das Castas

Como todas as instituições sagradas, o sistema de castas se baseia na natureza das coisas, ou mais precisamente em um aspecto desta, portanto em uma realidade que não tem como não se manifestar em certas condições; a mesma observação vale para o aspecto oposto, o da igualdade dos homens diante de Deus. Em suma, para justificar o sistema de castas, basta levantar a seguinte questão: existem a diversidade das qualificações e a hereditariedade? Se sim, o sistema de castas é possível e legítimo. E o mesmo para a ausência das castas, onde ela se impõe tradicionalmente: os homens são iguais, não somente do ponto de vista da animalidade, que aqui não está em questão, mas do ponto de vista de seus fins últimos? Isto é certo, porque todo homem tem uma alma imortal; esta consideração pode, portanto, ter primazia, em determinada sociedade tradicional, sobre a da diversidade das qualificações. A imortalidade da alma é o postulado do "igualitarismo" religioso, como o caráter quase divino do Intelecto e, portanto, da elite intelectual é o postulado do sistema de castas.

Não seria possível imaginar maior divergência que aquela entre a hierarquização hindu e o nivelamento muçulmano, e, no entanto, não há aí senão uma diferença de acentuação, pois a verdade é una: de fato, se o Hinduísmo considera na natureza humana antes de mais nada as tendências fundamentais que dividem os homens em uma série de categorias hierarquizadas, ele não deixa por isso de realizar a igualdade na sobrecasta dos monges errantes (*sanyâsîs*), na qual a origem social já não exerce nenhum papel; o caso do clero cristão é análogo, no sentido de que nele os títulos nobiliárquicos desaparecem: um camponês não pode tornar-se príncipe, mas pode tornar-se papa e sagrar o imperador. Inversamente, a hierarquia se manifesta mesmo nas religiões mais "igualitárias": para o Islã, no qual cada um é seu próprio sacerdote, os xerifes, descendentes do Profeta, formam uma nobreza religiosa e se sobrepõem assim ao resto da sociedade, sem, contudo, assumir nela uma função exclusiva. No mundo cristão, pode acontecer que um burguês de nível seja "enobrecido", o que está totalmente excluído no sistema hindu; o objetivo das castas superiores é essencialmente o de "manter" uma perfeição primordial, e é o sentido "descendente" da gênese das castas que explica que a casta pode ser perdida, mas não ganha;[1] esta perspectiva da "manutenção hereditária" é a própria chave do sistema de castas. É esta mesma perspectiva que explica, de resto, no Hinduísmo, o exclusivismo dos templos – que não são púlpitos de pregação –, e, de maneira mais geral, o papel preponderante das regras de pureza. A "obsessão" do Hinduísmo não é a conversão de "incrédulos", mas, ao contrário, a manutenção de uma pureza primordial, tanto intelectual como moral e ritual.

Ora, quais são as tendências fundamentais da natureza humana às quais as castas se referem mais ou menos diretamente? Poderíamos definir essas tendências como uma série de maneiras de considerar um "real" empírico: em outros termos, a tendência fundamental do homem está ligada ao seu "sentimento" – ou a sua "consciência" – de um "real". Para o *brâhmana,* – o tipo puramente intelectual, contemplativo, "sacerdotal" –, é o

---

1. O pândita Hari Prasad Shastri, contudo, garantiu-nos que pode haver exceções a esta regra – fazendo-se abstração da reintegração de uma família por casamentos sucessivos –, e nos citou o caso do rei Vishwâmitra, companheiro de Râma. Sem dúvida, é preciso levar em conta, neste caso, a qualidade da época cíclica e das condições particulares criadas pela proximidade de um *avatâra* de Vishnu.

imutável, o transcendente, que é "real"; ele não "crê", em seu foro íntimo, nem na "vida" nem na "terra"; há algo nele que permanece alheio à mudança e à matéria; essa é, a grosso modo, sua disposição íntima, sua "vida imaginativa", se assim podemos dizer, sejam quais forem as fraquezas que a obscureçam. O *kshatriya* – o tipo "cavaleiresco" – tem uma inteligência aguda, mas voltada para a ação e para a análise mais que para a contemplação e a síntese; sua força reside sobretudo em seu caráter; ele compensa a agressividade de sua energia por sua generosidade, e sua natureza passional por sua nobreza, seu autodomínio, sua grandeza de alma; para este tipo humano, é o ato que é "real", pois é o ato que determina, modifica, ordena as coisas; sem o ato, não há nem virtude, nem honra, nem glória. Dito de outro modo, o *kshatriya* "crê" mais na eficácia do ato que na fatalidade de uma dada situação: ele despreza a servidão aos fatos e só pensa em determinar-lhes a ordem, em clarificar um caos, em cortar nós górdios. Portanto, do mesmo modo que para o *brâhmana* tudo é "cambiante" e "irreal" a não ser o Eterno e o que a ele se liga – a verdade, o conhecimento, a contemplação, o rito, a via – para o *kshatriya* tudo é incerto, periférico, a não ser as constantes de seu *dharma*: o ato, a honra, a virtude, a glória, a nobreza, das quais dependerão todos os outros valores. Esta perspectiva pode se transferir para o plano religioso sem mudar essencialmente de qualidade psicológica.

Para o *vaishya* – o mercador, o camponês, o artesão, ou seja, o homem cuja atividade está diretamente ligada aos valores materiais, não de fato e por acidente, mas em virtude de sua natureza íntima – para o *vaishya*, é a riqueza, a segurança, a prosperidade, o "bem-estar" que são "reais"; os outros valores são secundários para sua vida instintiva, ele não "crê" neles em seu foro íntimo; sua imaginação se desabrocha no plano da estabilidade econômica, da perfeição material do trabalho e da produtividade, o que, transposto no plano religioso, tornar-se-á a perspectiva exclusiva da acumulação dos méritos em vista da segurança póstuma. Esta mentalidade apresenta uma analogia exterior com a dos *brâhmanas* por seu caráter estático e pacífico; mas ela se afasta da mentalidade do *brâhmana* e do *kshatriya* por uma certa "pequenez" da inteligência e da vontade;[2] o *vaishya* é hábil, ele também tem bom-senso, mas carece de qualidades especificamente intelectuais e também de virtudes cavalheirescas, de "idealismo" em um sentido superior. Sublinhemos que não falamos aqui de "classes", mas de "castas", ou mais precisamente de "castas naturais", dado que as instituições como tais, se retraçam a natureza, não são, contudo, jamais totalmente impermeáveis às imperfeições e vicissitudes de toda manifestação. Ninguém pertence a uma casta natural porque exerce determinada profissão ou porque tem determinados pais, mas uma pessoa exerce – ao menos em condições normais – determinada profissão porque pertence a tal casta, e isto é em grande parte – mas não de forma absoluta – garantido pela hereditariedade; esta garantia é ao menos suficiente para tornar possível o sistema hindu. Esse sistema não pôde jamais excluir exceções, que como tais "confirmam a regra"; o fato de que as exceções sejam mesmo o mais numerosas possível em nossa época de superpopulação e de "realização dos impossíveis" não poderia, de qualquer modo, abalar o princípio da hierarquia hereditária.

Poder-se-ia definir o homem "duas vezes nascido" (*dwîja*, ou seja, as três castas de que acabamos de falar) como um espírito dotado de um corpo, e o *shûdra* – que representa a quarta casta – como um corpo dotado de uma consciência humana; de fato, o *shûdra* é o homem que só é qualificado realmente para trabalhos manuais mais ou menos quantitativos, não para trabalhos que exigem iniciativas e aptidões mais vastas e mais complexas; para esse tipo humano, que se separa dos tipos

---

2. No século XIX, os burgueses leigos deviam realizar, por sua vez, por razões de equilíbrio, as qualidades das classes eliminadas; não falamos aqui do fato de pertencer à burguesia, que não tem importância, mas do "espírito burguês", o que é totalmente diferente. O cientismo dos séculos XIX e XX prova, não, certamente, que a "humanidade" fez "progressos", mas que a "intelectualidade" do homem do tipo "mercantil" quase não se eleva acima dos fatos brutos; a ilusão corrente de poder reencontrar as realidades metafísicas à força de descobertas científicas é totalmente característica desse peso de espírito e só prova que "com o advento dos *vaishyas*, vem a noite intelectual" (Guénon). De resto, a "civilização", com artigo definido e sem epíteto, é coisa tipicamente *vaishya*, o que explica por um lado o ódio corrente contra tudo o que é considerado "fanatismo" e por outro lado um elemento mortal de afetação que faz parte do sistema opressivo da dita civilização.

precedentes ainda mais do que o *vaishya* se separa das castas nobres, é o corporal que é "real"; é o comer e o beber que fazem, rigorosamente falando, a felicidade, com as concomitâncias psicológicas que a isso se ligam;[3] em sua perspectiva inata, em seu "coração", tudo o que está fora das satisfações corporais aparece como um "luxo" ou mesmo uma "ilusão", ou em todo caso como algo que se situa "à parte" do que sua imaginação toma como realidade; é a satisfação das necessidades vitais imediatas. Poder-se-ia objetar que o tipo cavalheiresco é também um amante do prazer, mas isso não está em questão, pois trata-se aqui antes de tudo da função psicológica do gozo do prazer, de seu papel em um conjunto de compossíveis; o *kshatriya* é de bom grado poeta ou esteta, ele quase não põe o acento na matéria com tal. O caráter central e ao mesmo tempo elementar que tem o prazer na perspectiva inata do *shûdra* explica o caráter habitualmente despreocupado, dissipado e "instantâneo" deste último, caráter pelo qual ele reencontra, por uma curiosa analogia invertida, a despreocupação espiritual do que está "além das castas" (*ativarnâshramî*), o monge (*sannyâsî*), que, também ele, vive "no instante", não se preocupa com o dia seguinte e erra sem objetivo aparente; mas o *shûdra* é muito passivo diante da matéria para poder se governar a si mesmo, ele depende, por conseqüência, de um querer outro que não o seu; sua virtude é a fidelidade, ou uma espécie de retidão maciça, opaca, sem dúvida, mas simples e inteligível.

As qualidades dos *vaishyas* são freqüentemente confundidas com as dos *brâhmanas* ou inversamente, pela simples razão de que essas duas castas são pacíficas; do mesmo modo, ocorre de confundirem *shûdras* e *kshatriyas* por causa dos aspectos de violência próprios dessas duas castas; esses erros são tanto mais nefastos quanto vivemos em uma civilização meio-*vaishya* meio-*shûdra*, cujos "valores" facilitam tais confusões. Em tal mundo, é impossível compreender o *brâhmana* sem ter antes compreendido

3. O sentido que tomaram as palavras "realidade" e "realismo" para muitos de nossos contemporâneos é totalmente significativo: a "realidade" é sinônimo de banalidade, ou mesmo de trivialidade, portanto também de feiúra e de brutalidade; em tal "realismo", não há mais nenhum lugar para a verdade, a nobreza, a beleza, ou seja, para os valores que escapam às medidas quantitativas.

o *kshatriya*; é preciso, a fim de escapar de confusões por demais fáceis e das assimilações mais injustificadas, distinguir nitidamente e em todos os planos o superior do inferior, o consciente do inconsciente, o espiritual do material, o qualitativo do quantitativo.

Resta-nos agora considerar o caso do homem "sem-casta"; é sempre o tipo natural, a tendência fundamental, que temos em vista, e não exclusivamente as categorias de fato do sistema hindu. Vimos que o *shûdra* nítido, por sua falta de interesse real por aquilo que supera sua vida corporal e pela falta de aptidões construtivas que disso resulta, opõe-se ao grupo das três castas superiores; de uma maneira análoga, o homem "fora das castas" se opõe, por seu caráter caótico, aos homens de caráter homogêneo. O "intocável" tem tendência a realizar as possibilidades psicológicas excluídas pelos outros homens, de onde sua tendência à transgressão; ele encontra satisfação no que os outros rejeitam. Segundo a concepção hindu, o mais baixo dos "intocáveis" – o *chandâla* – provém de um *shûdra* e de uma *brâhmanî*; a idéia fundamental é aqui a de que o máximo de "impureza"– ou seja, de dissonância psicológica em razão de incompatibilidades congênitas – é obtido por um máximo de distância entre as castas dos pais; o filho de pais *shûdras* é "puro" graças a sua homogeneidade mental, mas o filho da união de um *shûdra* e de uma mulher nobre é "impuro" na medida mesma em que a casta da mulher é superior à do marido. De resto, nos países cristãos como em toda parte, ou quase, o filho ilegítimo, "fruto do pecado", é praticamente visto como "impuro"; do ponto de vista hindu, que é centrado em uma espécie de pureza orgânica, esse pecado inicial é hereditário como o é entre nós a nobreza da espada, ou como o é o "pecado original".[4] Em todo caso, o pária, e sejam quais forem sua origem étnica e sua ambiência cultural, constitui um tipo definido que vive normalmente à margem da sociedade e esgota as possibilidades nas quais nenhum outro quer tocar; ele tem comumente algo de ambíguo, de desequilibrado,

---

4. "A mistura ilícita das castas, os casamentos contrários às regras e a omissão dos ritos prescritos são a origem das classes impuras." (*Mânava-Dharma-Shâstra*, X, 24.) Segundo Shrî Râmakrishna, "as regras de casta se apagam por si mesmas para o homem que chegou à perfeição e que realizou a unidade de todas as coisas, mas enquanto esta experiência sublime não foi obtida ninguém pode evitar um sentimento de superioridade para com uns e de inferioridade para com outros; e todos devem

por vezes de simiesco e de protéico quando tem dons, o que o torna capaz "de tudo e de nada", se assim podemos dizer; pode ser visto freqüentemente como limpa-fossas, saltimbanco, comediante, carrasco, sem falar das ocupações ilícitas; em uma palavra, ele tem tendência seja a exercer as atividades bizarras ou sinistras, seja simplesmente a negligenciar as regras estabelecidas, no que ele se assemelha a certos santos, mas por analogia inversa, está claro. No que se refere aos trabalhos "impuros" ou "desprezíveis", poder-se-ia considerar hipócrita deixar a certos homens atividades que não se quer para si mesmo e de que, não obstante, se tem necessidade, mas é preciso não esquecer que a sociedade tem o direito de se proteger contra as tendências que poderiam prejudicá-la, e de neutralizá-las exercendo-as por intermédio de homens que de certa forma as encarnam; a sociedade – enquanto "totalidade" – tem direitos "divinos" que o indivíduo – como tal, enquanto "parte" – não tem, e inversamente, conforme o caso. O indivíduo pode não condenar; a sociedade é obrigada a fazê-lo.

No entanto, mesmo as situações invariáveis podem-se atenuar pelo desgaste; a massa dos párias da Índia se beneficia da lei cósmica

---

observar as distinções de casta. Se neste estado de ignorância um homem finge a perfeição pisoteando as distinções de casta e vivendo sem freio, ele se assemelha certamente ao fruto verde que se fez amadurecer artificialmente... Aqueles que invocam o ome de Deus tornam-se santos. Krishna Kishore era um homem santo de Ariadaha. Um dia, ele foi a Vrindâvan em peregrinação. No curso de sua viagem, ele teve sede e, vendo um homem perto de um poço, pediu-lhe que lhe desse um pouco de água. O homem se desculpou, dizendo que era de casta muito baixa, sapateiro, e indigno de oferecer água a um brâmane. Krishna Kishore lhe disse então: 'Purificai-vos pronunciando o Nome de Deus! Dizei Shiva! Shiva!' O homem obedeceu; em seguida, ele lhe ofereceu água e esse brâmane ortodoxo a bebeu! Como era grande sua fé!... Chaitanya e Nityânanda transmitiam o Nome de Hari (a iniciação pela invocação ritual, *japa yoga*) a todos, inclusive ao pária, e os abraçavam a todos. Um brâmane sem este amor não é mais um brâmane; um pária com este amor não é mais um pária. Pela *bhakti* um intocável torna-se puro e elevado." (*L'Enseignement de Râmakrishna*, publicado por Jean Herbert.) Há aí um exemplo da virtude particular da *bhakti*, de que falamos em nosso livro *De l'Unité Transcendante des Religions*. Se se leva em conta a inequação inevitável entre o princípio da casta e sua cristalização social, compreende-se sem dificuldade que um indivíduo brâmane possa ser intrinsecamente herético – como Dayânanda Saraswati ou Râm Mohun Roy – e que um pária possa ser santo pelo Conhecimento, tal como Tiruvalluvar, que é venerado pelos brâmanes como um *avatâra* de Shiva; a inferioridade pode-se produzir no quadro da superioridade, e inversamente.

de compensação pelo fato de seu número, e da homogeneidade que daí resulta: o próprio número age como uma substância absorvente, pois a massa enquanto tal tem algo da inocência niveladora da terra; assim como, segundo o esoterismo muçulmano, as chamas do inferno terminarão por se resfriar, Deus sendo "essencialmente" bom – não "acidentalmente" –, do mesmo modo a transgressão congênita do pária, portanto sua "impureza", deve-se atenuar no fim dos tempos, e mesmo se reabsorver completamente em muitos casos, mas sem com isso abolir a hereditariedade, da qual o indivíduo continuará sendo o elo ou a parte.[5] Para esses indivíduos, o fato de ser pária será um aspecto do *karma* – uma conseqüência de "ações anteriores" – exatamente como o é uma doença ou uma infelicidade qualquer para um membro de uma casta elevada; por outro lado, a "intocabilidade" – um pouco como a condição das viúvas – tem um valor religioso para os próprios párias, o que explica a recusa da maior parte deles de sair de sua condição abandonando o mundo hindu;[6] como regra geral, todos são orgulhosos de pertencer a sua "casta" particular de pária, mesmo os *chandâlas*.

---

5. Segundo o *Mânava-Dharma-Shastra*, "deve-se reconhecer por suas ações o homem que pertence a uma classe vil... a falta de sentimentos nobres, a rudeza das palavras, a crueza (malevolência) e o esquecimento dos deveres, denotam neste mundo o homem que deve o dia a uma mãe digna de desprezo." Estes critérios não podem mais, evidentemente, aplicar-se tais e quais à massa dos párias, assim como, inversamente, nem todos os membros das castas superiores possuem as virtudes conformes a seu respectivo *dharma*. Acrescentemos que este aspecto do problema é independente da questão dos templos; mesmo admitindo que um certo formalismo social possa ser suprimido em razão de condições cíclicas novas, o que não poderíamos contestar, tal amolecimento das formas exteriores continuaria independente da questão de saber se os párias devem ter acesso aos santuários dos brâmanes. Um templo hindu é algo de muito diferente de uma igreja ou de uma mesquita; ele não é um lugar de culto obrigatório, mas a morada de uma Presença divina. O princípio de exclusão sacral, com os direitos dogmáticos imprescritíveis que ele comporta, é de resto conhecido em todas as religiões; lembremos somente o átrio do Templo de Jerusalém e a iconostase das igrejas ortodoxas.

6. É o que S. S. o Shankarâchârya de Kanchi ressaltou nestes termos: "O sistema de castas, ao mesmo tempo em que exerce uma disciplina rígida em vista de um bem-estar da sociedade, se neutralizou no caso de pessoas altamente espirituais, como Nandanar, o santo pária, ou Dharma Vyadha, ou ainda Vidura no Mahâbhârata. Nandanar recusa mesmo, em seu estado de êxtase espiritual, entrar no recinto do templo, mas se sente transportado de alegria pela simples visão da torre do santuário; e o brâmane do templo venerava Nandanar como o brâmane dos brâmanes... A diversidade das prescrições de casta tem em si mesma sua razão suficiente, a qual,

A casta é o centro de gravidade da alma individual; o tipo pária puro não tem centro, ele vive, portanto, na periferia e na inversão; se ele tende para a transgressão, é porque ela lhe confere de certo modo o centro que ele não tem e assim o liberta ilusoriamente de sua natureza equívoca. O pária é uma subjetividade descentralizada, portanto centrífuga e sem limite; ele foge da lei, da norma, porque ela o remeteria ao centro do qual ele foge por sua própria natureza. O tipo *shûdra* também é "subjetivo", mas esta subjetividade é opaca e homogênea, ela é ligada ao corpo, que é uma realidade objetiva; o *shûdra* tem a qualidade – e o defeito – de ser "sólido". Poderíamos também nos exprimir da seguinte maneira: o *brâhmana* é "objetivo" e centrado no "espírito"; o *kshatriya* tende para o "espírito", mas de uma maneira "subjetiva"; o *vaishya* é "objetivo" no plano da "matéria"; quanto ao *shûdra*, ele é "subjetivo" no mesmo plano. As três primeiras castas – os "duas vezes nascidos", no Hinduísmo – se distinguem, por conseqüência, dos *shûdras* seja pelo "espírito", seja pela "objetividade"; só o *shûdra* é "matéria" e "subjetividade" ao mesmo tempo. O *vaishya* é materialista como o *shûdra*, mas é um "materialismo" de interesse geral; o *kshatriya* é "idealista" como o *brâhmana*, mas é um "idealismo" mais ou menos mundano ou egocêntrico.

O inferior não somente não tem a mentalidade do superior, mas não pode mesmo concebê-la exatamente; assim, poucas coisas são mais penosas que as interpretações "psicológicas" que atribuem ao homem superior intenções que ele não pode ter em nenhum caso, e que não fazem senão refletir a pequenez de seus autores, como pode-se constatar à saciedade na "crítica histórica" ou na "ciência das religiões"; homens cuja alma é fragmentária e opaca querem nos ensinar sobre a "psicologia" da grandeza e do sagrado.

*

---

em última análise, é proveitosa a toda a humanidade. O *shûdra* de antigamente se recusava a partilhar sua casa com um brâmane ou um *kshatriya*, e um *chandâla* se opunha com não menos obstinação à entrada de um brâmane em seu bairro; e se por acidente um brâmane um dia entrasse no bairro dos *chandâlas*, estes se viam obrigados a proceder a ritos purificatórios. Isto mostra que a responsabilidade pela preservação das prescrições disciplinares de determinada casta não era incumbência apenas desta, mas a todas; ela cabia a cada componente da sociedade total." (*Our Spiritual Crisis*, citado em *The Hindu*, 1º de julho de 1956.)

Dissemos que o sistema de castas reside na natureza das coisas, ou seja, em certas propriedades naturais do gênero humano, e é delas uma aplicação tradicional;[7] ora, como acontece sempre em tais casos, o sistema tradicional "cria" – ou contribui para criar – aquilo de que ele é uma aplicação: o sistema hindu resulta das diferenças intelectuais ou espirituais, e ao mesmo tempo ele cria tipos tanto mais definidos; seja isso uma vantagem ou uma desvantagem, ou as duas coisas ao mesmo tempo, o fato existe e é inevitável. E o mesmo vale para a ausência tradicional das castas: esta perspectiva, não somente deriva da indiferenciação real dos homens, mas também a realiza, ou seja, elimina de certa maneira o que, na perspectiva oposta, dá lugar ao sistema de casta. No Islã, onde não há casta sacerdotal – nem hereditária nem vocacional – todo homem tem algo de sacerdote e nenhum é inteiramente "leigo", ou mesmo "desprezível"; para citar outro exemplo, diremos que, se todo muçulmano é "um pouco sacerdote", todo pele-vermelha é "um pouco profeta", ao menos em certas condições determinadas e em razão da estrutura particular desta tradição, que reparte o profetismo por toda a coletividade, sem abolir com isso a função profética propriamente dita. Se se quisesse censurar ao Hinduísmo o "criar" o pária, poder-se-ia da mesma forma censurar ao Ocidente o "criar" o pecado, pois que o conceito, aqui como em toda parte, contribui para realizar a coisa, em virtude de uma concomitância inevitável de toda cristalização formal.

Seja como for, se o ocidental tem dificuldade de compreender o sistema de castas, é antes de tudo porque ele subestima a lei da hereditariedade, e ele a subestima pela simples razão de que ela se tornou mais ou menos inoperante em um meio tão caótico como o Ocidente moderno, onde quase todo mundo aspira a ascender na escala social – se é que isso ainda existe – e onde quase ninguém exerce a profissão de seu pai; um ou dois séculos deste regime bastam para tornar a hereditariedade tanto mais precária e flutuante quanto ela não havia sido posta em ação antes

---

7. Gandhi observou que "o sistema de castas é... inerente à natureza humana, e o Hinduísmo simplesmente fez dele uma ciência." (*Young India*, 1921.)

por um sistema tão rigoroso quanto o das castas hindus; mas mesmo onde havia ofícios transmitidos de pai para filho, a hereditariedade foi praticamente abolida pelas máquinas. A isto é preciso acrescentar, por um lado, a eliminação da nobreza e, por outro lado, a criação de novas "elites": os elementos mais disparatados e mais "opacos" foram transmutados em "intelectuais", de modo que já quase ninguém "está em seu lugar", como diria Guénon; assim, não há nada de surpreendente no fato de a "metafísica" ser considerada doravante segundo a perspectiva do *vaishya* e do *shûdra*, o que nenhuma mixórdia de "cultura" poderia dissimular.

O problema das castas nos leva a abrir aqui um parêntese: como definir a posição ou a qualidade do trabalhador moderno? Responderemos em primeiro lugar que o "mundo trabalhador" é uma criação totalmente artificial, devida à máquina e à vulgarização científica que a esta se liga; dito de outro modo, a máquina cria infalivelmente o tipo humano artificial que é o "proletário", ou antes, ela cria um "proletariado", pois se trata, em tal caso, essencialmente de uma coletividade quantitativa e não de uma "casta" natural, ou seja, tendo seu fundamento em determinada natureza individual. Se se pudesse suprimir as máquinas e reintroduzir o antigo artesanato com todos os seus aspectos de arte e de dignidade, o "problema do trabalhador" deixaria de existir; isto é verdadeiro mesmo para as funções puramente servis ou os ofícios mais ou menos quantitativos, pela simples razão de que a máquina é inumana e anti-espiritual em si. A máquina mata, não somente a alma do trabalhador, mas a alma como tal, portanto também a do explorador: o par explorador-trabalhador é inseparável do maquinismo, pois o artesanato impede esta alternativa grosseira por sua própria qualidade humana e espiritual. O universo maquinista é acima de tudo o triunfo da ferragem pesada e dissimulada; é a vitória do metal sobre a madeira, da matéria sobre o homem, da astúcia sobre a inteligência;[8] expressões tais como "massa", "bloco",

---

8. Lemos em algum lugar que só os progressos da técnica explicam o caráter novo e catastrófico da Primeira Guerra Mundial, o que é bastante justo. Neste caso, foi a máquina que fabricou a história, como, aliás, ela fabrica homens, idéias, um mundo.

"choque", tão freqüentes no vocabulário do homem industrializado, são totalmente significativas para um mundo que está mais perto dos insetos do que dos humanos. Não há nada de surpreendente no fato de que o "mundo do trabalhador", com sua psicologia "maquinista-cienticista-materialista", seja particularmente impermeável às realidades espirituais, pois ele pressupõe uma "realidade ambiente" totalmente factícia: ele exige máquinas, portanto metal, bulício, forças ocultas e pérfidas, uma ambiência de pesadelo, do vaivém ininteligível, em uma palavra, uma vida de insetos na feiúra e na trivialidade; no interior de tal mundo, ou antes de tal "cenário", a realidade espiritual aparecerá como um ilusão patente ou um luxo desprezível. Em não importa qual ambiência tradicional, ao contrário, é o problematismo "trabalhador" – portanto maquinista – que não teria mais nenhuma força persuasiva; para torná-lo verossímil, é preciso portanto começar por criar um mundo de bastidores que lhe corresponda, e cujas formas mesmas sugerem a ausência de Deus; o Céu deve ser inverossímil, falar de Deus deve soar falso.[9] Quando o trabalhador diz que não tem "tempo para rezar", ele não está muito errado, pois não faz senão exprimir assim tudo o que sua condição tem de inumano, ou digamos de "infra-humano"; os antigos ofícios, por sua vez, eram eminentemente inteligíveis, e não privavam o homem de sua qualidade humana, a qual implica por definição a faculdade de pensar em Deus. Alguns objetarão sem dúvida que a indústria é um "fato" e que é preciso aceitá-la como tal, como se esse caráter de fato tivesse primazia sobre a verdade; considera-se habitualmente como "coragem" e "realismo" o que é exatamente o contrário, ou seja: porque ninguém pode impedir determinada calamidade, ela é chamada de "bem" e é glorificada a incapacidade de se lhe

9. O grande erro dos que querem trazer novamente as massas trabalhadoras ao domínio da Igreja é o de confirmar o trabalhador em sua "desumanização" aceitando o universo maquinista como um "mundo" real e legítimo, e crendo-se mesmo obrigado a "amá-lo tal como é". Traduzir o Evangelho em gíria ou travestir a sagrada família em proletários é fazer pouco dos trabalhadores e da religião; é, em todo caso, demagogia barata, ou digamos fraqueza, pois todas essas tentativas traem o complexo de inferioridade que ressente o "intelectual" diante desta espécie de "realismo brutal" que caracteriza o trabalhador; esse "realismo" é tanto mais fácil quanto seu domínio é mais limitado e mais grosseiro, portanto mais irreal.

escapar. O erro torna-se verdade porque ele "existe", o que está bem de acordo com o "dinamismo" – e com o "existencialismo" – da mentalidade maquinista; tudo o que existe pela cegueira dos homens se chama "nosso tempo", com uma nuance de "imperativo categórico". É por demais evidente que a impossibilidade de escapar de um mal não impede que este seja o que ele é; para encontrar um remédio, se a ocasião se apresenta, é preciso considerar o mal independentemente de nossas chances de escapar a ele ou de nosso desejo de não o ver, pois um bem não poderia se produzir de encontro à verdade. É um erro comum – e característico para a mentalidade "positiva" ou "existencialista" de nossa época – crer que a constatação de um fato depende do conhecimento das causas ou dos remédios, conforme o caso, como se o homem não tivesse o direito de ver o que ele não pode nem explicar nem modificar; chama-se "crítica estéril" à indicação de um mal e esquece-se que o primeiro passo para uma eventual cura é a constatação da doença. Seja como for, toda situação oferece a possibilidade, senão de uma solução objetiva, ao menos de uma reação subjetiva, de uma libertação pelo espírito; quem compreende a verdadeira natureza do maquinismo, escapará por isso mesmo das servidões psicológicas da máquina, o que já é muito. Dizemos isto sem nenhum "otimismo", e sem perder de vista que o mundo atual é um "mal necessário" cuja raíz metafísica está, em última análise, na infinitude do Possível divino.

Mas há outra objeção que é preciso levar em conta: alguns dirão que sempre houve máquinas e que as do século XIX são simplesmente mais perfeitas que as outras, mas esse é um erro radical que se encontra sempre, sob diversas formas; é uma falta de senso das "dimensões" ou, dito de outro modo, é não saber distinguir entre diferenças qualitativas ou eminentes e diferenças quantitativas ou acidentais. Um antigo tear, por exemplo, por mais perfeito que seja, é uma espécie de revelação e um símbolo cuja inteligibilidade permite à alma "respirar", enquanto que a máquina é propriamente "sufocante"; a gênese do tear está ligada à vida espiritual – o que se percebe, aliás, em sua qualidade estética –, enquanto uma máquina moderna pressupõe ao contrário um clima mental e um trabalho de investigação que são incompatíveis com a santidade, sem falar de seu aspecto de artrópodo gigante ou de caixa mágica, o qual também tem um valor de critério; um santo pode construir ou aperfeiçoar um moinho d'água ou de vento, mas nenhum santo pode inventar uma máquina, precisamente porque o progresso técnico implica uma mentalidade contrária à espiritualidade, critério que aparece com uma evidência brutal, como dissemos, nas próprias formas das construções mecânicas.[10] Precisaremos que, no domínio das formas como no do espírito, é falso tudo o que não está de acordo nem com a natureza virgem, nem com um santuário; toda coisa legítima tem, por um lado, algo da natureza e, por outro, algo do sagrado. Uma característica surpreendente das máquinas é que elas devoram matérias – geralmente telúricas e tenebrosas –, em vez de serem postas em movimento pelo homem apenas ou por uma força natural tal como a água ou o vento; é-se obrigado a saquear a terra para fazê-las "viver", o que não é o menor aspecto de sua função de desequilíbrio. É preciso ser muito cego para não ver que nem a rapidez nem a superprodução são bens, sem falar da proletarização do povo e do afeamento do mundo;[11] mas o argumento de base continua a ser o que enunciamos em primeiro lugar, a saber, que a técnica só pode nascer em um mundo sem Deus – um mundo no qual a astúcia substituiu a inteligência e a contemplação.

*

Mas voltemos, após esta digressão, a nosso tema fundamental: é fácil compreender, para um ocidental, como a igualdade dos

10. As experiências que, na Antigüidade e na Idade Média, mais se aproximavam das construções mecânicas, serviam para a diversão e eram consideradas como curiosidades, portanto como coisas tornadas legítimas por seu próprio caráter excepcional. Os antigos eram, não como crianças imprevidentes que mexem em tudo, mas, ao contrário, como homens maduros que evitam certas ordens de possibilidades das quais prevêem as funestas conseqüências.

11. Bem sabemos que algumas pessoas nos contestarão o direito moral de usar invenções modernas, como se a estrutura econômica e o ritmo de nossa época permitissem escapar a elas, e como se fosse útil escapar num mundo em que ninguém delas escapa; de resto, esta contestação só seria lógica se nos devolvessem ao mesmo tempo todos os valores que o mundo moderno destruiu.

homens diante de Deus resulta da natureza das coisas, tanto mais quanto as religiões monoteístas – como, de resto, o Budismo – neutralizam por sua própria estrutura os inconvenientes que podem resultar das desigualdades humanas; o fato de que elas aceitem estas desigualdades no plano "leigo" ou "mundano" e que, por outro lado, elas criem hierarquias religiosas não abala em nada sua perspectiva fundamental. Alguns perguntarão por que, dado que tal "nivelamento" é espiritualmente possível, o Hinduísmo não poderia colocar-se no mesmo ponto de vista e abandonar as castas; ora, o Hinduísmo enquanto tal, ou seja, enquanto totalidade, não tem nem o direito nem o poder de fazer isto, pois é evidente que, se uma instituição sagrada existe, é porque ela é metafisicamente possível e portanto necessária, o que implica que ela apresenta vantagens que não poderiam ser realizadas de outra forma.[12]

---

12. O sistema de castas prova, aliás, sua legitimidade por seus resultados: "Não acreditamos – escreve um missionário sobre os *brâhmanas* – que haja no mundo uma casa aristocrática, mesmo uma família real, que se tenha tão impiedosamente protegido contra todo contágio, toda união equívoca, todo vício físico e moral. É por isso que, pessoalmente, não poderíamos esconder que guardamos de nosso encontro com esta casta soberba um verdadeiro deslumbramento e, no fundo do coração, uma profunda simpatia... Ao prestígio da beleza plástica, o brâmane une visivelmente o da inteligência. Particularmente, ele tem um dom extraordinário para as ciências abstratas, a filosofia e sobretudo as matemáticas. Um homem que, sob este aspecto, é certamente um dos mais renomados do sul da Índia e que é membro do Conselho superior dos professores da Universidade de Madras, o R. P. Honoré, nos afirmou que o nível médio dos inumeráveis alunos *brâhmanas* de que ele foi mestre em meio século de ensino superava em muito, não apenas a média, mas a própria elite de nossos estudantes das faculdades da Europa." (Pierre Lhande: *L'Inde Sacrée*). – "Não há dúvida que a casta (trata-se aqui de subcastas dos *vaishyas* e dos *shûdras*) oferece muitas vantagens a seus membros. Ela torna-lhes o trabalho o mais fácil, agradável e honorável possível, exclui a concorrência propriamente dita, reparte uma quantidade dada de trabalho entre o maior número possível de homens disponíveis, ocupa-se deles em caso de desemprego e defende seus interesses pelos meios mais diversos... Por outro lado, o fato de que a profissão seja transmitida de pai para filho garante, sob muitos aspectos, a qualidade do trabalho; pela hereditariedade, chega-se a uma qualificação quase orgânica para determinada atividade particular, o que seria dificilmente realizável de outra forma; ao mesmo tempo, são transmitidas técnicas secretas que permitem aos artesãos produzir obras-primas com os meios mais primitivos. Enfim, o sistema de castas contribuiu muito para a estabilização da sociedade hindu e para a conservação de sua civilização..." (Helmut v. Glasenapp: *Der Hinduismus*.)

De fato, o caráter puro e direto da metafísica vedantina seria inconcebível sem o sistema de castas; a intelectualidade mais transcendente goza na Índia de uma liberdade total, enquanto que esta mesma intelectualidade deve-se acomodar, em outras tradições, com um esoterismo mais ou menos sibilino ou mesmo "tortuoso" em suas formulações, e geralmente também com certas coações sentimentais; é o preço da simplificação do quadro social. Nas religiões semíticas, o esoterismo é solidário do exoterismo, e inversamente; a ausência de castas obriga a certa uniformidade mental que não apresenta menos inconvenientes, do ponto de vista da metafísica pura, do que o sistema de castas apresenta do ponto de vista dos imponderáveis da natureza humana; o exoterismo invade habitualmente o terreno do esoterismo, de onde um movimento de pêndulo entre esses dois planos, ao qual um Omar Khayyam, súfi ortodoxo, respondeu pelo paradoxo e pela ironia.[13] Onde há um exoterismo nítido, o esoterismo quase não pode-se impedir de andar com "pernas de pau" exotéricas, enquanto que na realidade ele representa a essência da verdade, a qual supera as formas e incidentemente as rompe; é o que mostra um caso como o de Al-Hallâj, "amante" de Deus que os hindus certamente não teriam condenado. É preciso não esquecer que a coletividade representa um princípio de espessamento e de complicação: ela atribui comumente um caráter absoluto a fatos, e é esta tendência que o dogmatismo religioso leva em conta *a priori*. Se o esoterismo pode infundir à massa algo de seu mistério e de suas graças, a massa lhe oferecerá em retorno – na medida em que ele se entrega a ela – suas tendências ao mesmo tempo "espessantes" e "dissipadoras", de onde uma simplificação doutrinal e uma necessidade de atividade exterior que estão nos antípodas da intelecção e da contemplação. Em suma, convém distinguir, no Islã, quatro planos: há em primeiro lugar o exoterismo (*shâri'ah*) como tal, que compreende as idéias e os meios próprios a sua natureza; depois há o esoterismo (*haqîqah,*

13. Se a hipocrisia religiosa é um fato inevitável, o inverso deve ser possível também, e a hipocrisia, aliás, o provoca: a saber, uma sabedoria e uma virtude que se dissimulam sob aparências de escândalo. Entre os *Malâmatiyah* – a "gente da repreensão" – uma atitude deste gênero faz mesmo parte do método.

taçawwuf) no exoterismo, que comporta o que este pôde assimilar daquele, e que ele teve mesmo de assimilar, a separação entre os dois planos não sendo estanque; mas tal interferência é sempre coisa pessoal e mística e não afeta a Lei. Há em seguida a situação inversa, ou seja, a perspectiva exotérica infiltrando-se no esoterismo, pelo fato de uma vulgarização parcial, e historicamente inevitável: é uma perspectiva de atividade e de mérito, de temor e de zelo, combinada com idéias esotéricas;[14] por fim, há o "esoterismo no esoterismo", se assim podemos dizer, que não é senão a gnose liberada, não, certamente, de toda forma, mas de todo formalismo interior e de todo absolutismo mitológico.

Quanto aos aspectos positivos do "nivelamento" muçulmano, o Islã não apenas neutralizou as diferenças de casta, ele aboliu também as oposições raciais; talvez nenhuma civilização tenha misturado tanto as raças como o Islã: o mulato aparece nele, em geral, como um elemento totalmente "puro" e honrável, e não como o pária que ele é na prática nos povos de origem cristã; poder-se-ia dizer que o turbante ou o fez está para o muçulmano como a pele branca está para o europeu. Para o Islã, as determinações da natureza são acidentes; a escravidão é um acidente, ela não tem, portanto, nenhuma relação com o sistema de castas; a humanidade original era sem castas e sem raças; é ela que o Islã quer restaurar, em conformidade com as condições de nosso milenar.[15] O caso é análogo no Cristianismo e no Budismo; todo homem são de espírito pode tornar-se sacerdote ou monge; o clero corresponde a uma casta vocacional, não hereditária como

---

14. É impossível negar que o sufismo de Al-Ghazali comporta uma parte de vulgarização, aliás providencial, mas que, não obstante, necessita de novos ajustes internos.

15. O Profeta, após sua entrada vitoriosa na Meca, fez várias declarações, entre as quais esta: "Deus tirou de vós o orgulho pelo paganismo e o orgulho pelos ancestrais; vós descendeis todos de Adão, e Adão era feito do pó. Deus diz: Ó homens, Nós vos criamos de um só homem e de uma só mulher, e Nós vos dividimos em povos e tribos a fim de que pudésseis vos conhecer; o mais honrado por Deus é aquele que mais teme a Deus." – O califa Ali o exprimiu assim: "A nobreza deriva das altas qualidades e não dos ossos cariados dos ancestrais."O que o Islã quer restaurar é mais precisamente a religião de Abraão, forma primordial da corrente semítica e por isso mesmo imagem da tradição primordial em sentido absoluto, aquela da "idade de ouro".

a nobreza; a ausência desse caráter hereditário se acha compensada pelo celibato. Já indicamos que, sob esta condição, o Hinduísmo admitiria em princípio que um não-brâmane pudesse tornar-se brâmane em virtude de sua aptidão individual e de sua vocação – o risco de atavismos negativos sendo então afastado – e de fato há algo deste gênero no estado de *ativarnâshramî*, que se situa além das castas, mas com a condição de separar sua pessoa do corpo vivo da sociedade; o fato de haver ordens de *sannyâsîs* que não admitem senão brâmanes não impede que todo homem possa tornar-se *sannyâsî* fora dessas ordens. Notemos também que três *avatâras* de *Vishnu*, a saber, Râma, Krishna e o Buddha, eram *kshatriyas* e não *brâhmanas*, apesar de que eles possuíam por definição a natureza bramânica no mais alto grau; é essa uma manifestação de universalidade ao mesmo tempo que uma compensação, pois Deus, em suas manifestações diretas e fulgurantes, não se submete a molduras preexistentes, derrogação que exige sua infinitude.

A fim de prevenir toda má interpretação, é interessante notar aqui que a ausência de castas propriamente ditas no Islã, ou mesmo na maior parte das outras tradições não-hindus, não tem nenhuma relação com uma preocupação de "humanitarismo" no sentido corrente do termo, pela simples razão de que o ponto de vista da tradição é o do interesse global – e não apenas da satisfação – do ser humano; ela não tem de praticar uma pseudo-caridade que salva os corpos e que mata as almas.[16] A tradição é

16. "Não temais aqueles que matam o corpo e não podem matar a alma", diz o Evangelho, e também: "De que serve ao homem ganhar o mundo todo se ele vem a perder sua alma?" – O humanitarismo destacado, que é especificamente moderno – não pensamos, certamente, em censurar a caridade verdadeira, que procede de uma visão total e não fragmentária do homem e do mundo – o humanitarismo, dizíamos, baseia-se acima de tudo no erro de que "a totalidade de todos os seres vivos é o Deus pessoal... Contanto que eu possa adorar e servir o único Deus que existe, a soma total de todas as almas!" (Vivekânanda). Esta filosofia é duplamente falsa, em primeiro lugar porque ela nega Deus ao alterar-lhe a noção de uma maneira decisiva, e depois porque ela diviniza o mundo e restringe assim a caridade ao plano mais exterior; ora, não se pode ver Deus no próximo quando se reduz *a priori* o Divino ao humano. Então não resta mais que a ilusão de "fazer o bem", de ser indispensável, e o desprezo para com aqueles que "não fazem nada", sejam estes santos cuja presença sustenta o mundo.

centrada no que dá um sentido à vida, e não em um "bem-estar" imediato, parcial e efêmero, e concebido como um fim em si; ela não nega a legitimidade – relativa e condicional – do bem-estar, mas ela subordina todo valor aos fins últimos do homem.[17] O bem-estar espiritual é infelizmente incompatível, para a maioria dos homens, com um bem-estar terrestre por demais absoluto; a natureza humana tem necessidade de "provações" tanto quanto de "consolações". Um determinado indivíduo, seja rico ou pobre, pode ser sóbrio e desapegado por sua própria vontade, mas uma coletividade não é um indivíduo e não tem vontade única; ela tem algo de uma avalanche contida e não se mantém em equilíbrio senão com a ajuda de coações, e, de fato, as virtudes hereditárias que podem nos espantar em tal ou qual grupo étnico se mantêm graças a uma luta constante, seja qual for o plano desta; esta luta também faz parte da felicidade, acima de tudo, contanto que ela se mantenha perto da natureza, que é maternal, e não se torne abstrata e pérfida. Não esqueçamos, por outro lado, que o "bem-estar" é coisa relativa por definição; quando o homem se coloca unicamente no ponto de vista material, ele destrói o equilíbrio normal entre o espírito e o corpo e desencadeia apetites que não têm em si mesmos nenhum limite. É este aspecto da natureza humana que os humanitaristas propriamente ditos negam ou ignoram de forma preconcebida; eles crêem que o homem é bom em si, portanto independente de Deus, e atribuem seus defeitos, arbitrariamente, a condições materiais desfavoráveis, como se a experiência não provasse, não somente que a malícia do homem pode não depender de nenhum fator exterior, mas também que esta malícia se desenvolve freqüentemente no "bem-estar" e ao abrigo das preocupações elementares; os desvios da "cultura" burguesa o mostram à

17. Quando se acredita no purgatório e no inferno, é no mínimo ilógico achar "bárbaros" costumes sacrificiais como a cremação voluntária das viúvas na Índia de antanho, ou a dos monges hindus ou budistas que morriam salmodiando, e aos quais em seguida eram dirigidas preces. Não há nisso, certamente, nada de essencial; mas seria compreender mal a tradição hindu rejeitar esses costumes sacrificiais ou práticas de um caráter inverso, as do tantrismo "extremo" por exemplo; seja como for, a decadência do Hinduísmo não está na tradição, mas na indigência intelectual de seus "reformadores" mais ou menos modernistas.

saciedade. Para as religiões, a norma "econômica" é expressamente a pobreza, da qual os Fundadores, aliás, sempre deram o exemplo – trata-se de uma pobreza que se mantém perto da natureza, e não um desnudamento tornado ininteligível e enfeado pelas coações de um mundo artificial e irreligioso –, enquanto que a riqueza é tolerada, pois ela é um direito natural e não impede nem o desapego nem a sobriedade, mas ela não é o ideal como é praticamente o caso no mundo moderno.

O Hinduísmo é particularmente rigoroso sob este aspecto: segundo os *Shâstras*, o luxo propriamente dito – aquele que não visa senão o bem-estar físico e lhe acrescente novas necessidades – é um "roubo para com a natureza"; seu contrário, a simplicidade, não é, evidentemente, uma privação do necessário, mas uma recusa do supérfluo, sempre no que diz respeito à comodidade física, não à propriedade como tal; é verdade que esse estado de simplicidade foi ultrapassado, na própria Índia, já há séculos. Seja como for, as pessoas com muita freqüência englobam, hoje em dia, sob um denominador comum – o de "miséria" – a simplicidade ancestral da vida e a simples falta de víveres, confusão que não é desinteressada; a noção de "país subdesenvolvido", em sua cândida perfídia, é muito significativa sob este aspecto. Inventou-se um "padrão de vida" maquinista e cientista que se gostaria de impor a todos os povos,[18] e *a fortiori* àqueles que são classificados como "atrasados", quer se trate de hindus ou de hotentotes; para os progressistas, a felicidade se identifica a uma multidão de complicações ruidosas e pesadas, próprias a esmagar muitos elementos de beleza e portanto de bem-estar; e, querendo abolir determinados "fanatismos" e "horrores", esquece-se que existem atrocidades no plano espiritual, atrocidades das quais a civilização dita humanitarista dos modernos está saturada.

Para julgar exatamente a qualidade de felicidade de um mundo passado, seria preciso poder se colocar no lugar dos

18. O Shankarâchârya de Kanchi observou, no texto de que já citamos um extrato, que "a simples idéia de elevar o padrão de vida (*the standard of living*) terá os mais desastrosos efeitos sobre a sociedade. Elevar o nível de vida significa tentar um indivíduo a se atravancar de mais luxo, e levá-lo no fim das contas à verdadeira pobreza, apesar do aumento da produção... *Aparigraha*, significa que todo homem só deveria tirar da natureza aquilo de que ele tem necessidade para sua vida neste mundo."

homens que nele viveram e adotar sua maneira de avaliar as coisas, portanto também seus reflexos imaginativos e sentimentais; muitas coisas de que passamos a ter o hábito lhes apareceriam como coações intoleráveis às quais eles prefeririam todos os riscos de seu meio; a simples feiúra e a atmosfera de trivialidade do mundo atual lhes pareceriam o mais sombrio dos pesadelos. A história como tal não poderia dar conta plenamente da alma de uma época longínqua: ela registra sobretudo as calamidades e deixa de lado todos os fatores estáticos da felicidade; já se disse que a felicidade não tem história, e isto é profundamente verdadeiro. As guerras e as epidemias – não mais que certos costumes – não refletem, evidentemente, os aspectos felizes da vida de nossos ancestrais, como o fazem, em compensação, as obras artísticas e literárias; a supor que a história não possa nada nos dizer sobre a felicidade da Idade Média, as catedrais e todas as outras manifestações artísticas do mundo medieval são um testemunho irrecusável neste sentido, ou seja, elas não dão a impressão de uma humanidade mais infeliz que a atual, para dizer o mínimo; como os orientais de antigamente, nossos ancestrais prefeririam sem dúvida, se tivessem a escolha, ser infelizes à sua maneira a ser felizes à nossa. Não há nada de humano que não seja um mal sob algum ponto de vista: mesmo a tradição é um "mal" sob certos aspectos, pois ela deve entrar em contato com os males humanos e os males humanos a invadem, mas ela é então um "mal menor" ou um "mal necessário"; seria evidentemente menos falso dizer que ela é um "bem", humanamente falando. A verdade pura, é que "só Deus é bom", e que toda coisa terrestre tem um lado ambíguo.

Alguns dirão, sem dúvida, que o humanitarismo, longe de ser materialista por definição, pretende reformar a natureza humana pela educação e pela legislação; ora, é contraditório querer reformar o humano independentemente do divino, este sendo a essência daquele; tentar fazê-lo é provocar no fim das contas misérias bem piores que aquelas às quais tentava-se escapar. O humanitarismo filosófico subestima a alma imortal pelo fato mesmo de que superestima o animal humano; ele obriga um pouco a enegrecer os santos para melhor poder branquear os criminosos, pois uma coisa não vai sem a outra. Resulta daí a opressão dos contemplativos desde sua tenra infância: em nome do igualitarismo humanitário, vocações são trituradas, gênios são dilapidados pela escola em particular e pela mundanidade oficial em geral; todo elemento espiritual é banido da vida profissional e pública,[19] o que equivale a privar a vida de uma boa parte de seu conteúdo e a condenar a religião à morte lenta. O nivelamento moderno, "democrático" se quiserem, está nos antípodas da igualdade teocrática das religiões monoteístas, pois ele se baseia, não no teomorfismo do homem, mas em sua animalidade e sua revolta.

A tese do progresso indefinido se choca, de resto, com a seguinte contradição: se o homem pôde sobreviver durante milênios sob o império de erros e de tolices – supondo que as tradições não sejam mais do que isto, e então o erro e a tolice seriam quase incomensuráveis – a imensidão deste engano seria incompatível com a inteligência que se atribui ao homem como tal e que se está obrigado a lhe atribuir; dito de outro modo, se o homem é suficientemente inteligente para chegar ao "progresso" que nossa época encarna – supondo que isso seja uma realidade – ele é *a priori* inteligente demais para ter estado enganado, durante milênios, por erros tão ridículos quanto os que o progressismo lhe atribui; mas se, ao contrário, o homem é suficientemente tolo para poder ter acreditado nisso por tão longo tempo, ele é também por demais tolo para lhe escapar. Ou então: se os homens atuais tivessem enfim chegado à verdade, eles deveriam ser superiores em proporção aos homens de outrora, e esta proporção seria quase absoluta; ora, o mínimo que se pode dizer é que o homem antigo – medieval ou da Antigüidade – não era nem menos inteligente nem menos virtuoso que o homem moderno, longe disso. A ideologia do progresso é um desses absurdos que chocam pela falta de imaginação, bem como pela falta do senso das proporções; é, de resto, essencialmente uma ilusão de *vaishya*, um pouco como a "cultura", que não é senão uma "intelectualidade" sem inteligência.

*

19. Em contrapartida, e por compensação, a vida profissional assume aspectos cada vez mais "religiosos", no sentido de que ela reivindica o homem inteiro – sua alma assim como seu tempo –, como se a razão suficiente da condição humana fosse tal ou qual empreendimento econômico, e não a imortalidade.

Mas voltemos à questão das castas: a ausência de castas exteriores – pois as castas naturais só poderiam ser abolidas na santidade, ao menos sob certo aspecto – exige condições que neutralizam os inconvenientes possíveis desta indiferenciação social; ela exige particularmente uma civilidade que salvaguarde a liberdade espiritual de cada um; entendemos com isso não a liberdade para o erro, que evidentemente não tem nada de espiritual, mas a liberdade para a vida em Deus. Essa civilidade é a própria negação de todo achatamento igualitário, pois ela diz respeito ao que há de mais elevado em nós: os homens estão obrigados à dignidade, eles devem tratar-se uns aos outros como santos virtuais; inclinar-se diante do próximo, é ver Deus em toda parte, e é abrir-se a si mesmo a Deus. A atitude contrária é a "camaradagem", que nega ao próximo todo o mistério e mesmo todo direito ao mistério: é colocar-se no plano da animalidade humana e reduzir o próximo ao mesmo nível, obrigá-lo a um achatamento sufocante e desumano. A indiferenciação social só pode ter uma base religiosa: ela só pode se produzir pelo alto, em primeiro lugar religando o homem a Deus, depois reconhecendo Deus no homem. Em uma civilização como o Islã, não há "meios sociais" propriamente ditos; as regras de comportamento fazem parte da religião, basta ser piedoso para conhecê-las, de modo que o pobre se sentirá à vontade entre os ricos tanto mais quanto a religião está "de seu lado", visto que a pobreza enquanto estado é uma perfeição; o rico não ficará chocado, entre os pobres, por uma falta de educação ou de "cultura", pois não há "cultura" fora da tradição, cujo ponto de vista, aliás, não é nunca quantitativo. Dito de outro modo, o pobre pode ser "aristocrata" sob andrajos, enquanto que no Ocidente é a própria "civilização" que lho impede; é verdade que pode-se encontrar camponeses aristocratas na própria Europa, particularmente nos países mediterrâneos, mas eles são como sobreviventes de uma outra era; o nivelamento moderno destruiu em toda parte as belezas da igualdade religiosa, pois, sendo sua caricatura, ele é incompatível com ela.

A casta, como a entendemos, tem essencialmente dois aspectos, a saber, o do "grau" e o do "modo" da inteligência, distinção que é devida, não à essência do intelecto, mas aos acidentes de sua manifestação. A inteligência pode ser contemplativa ou escrutadora, intuitiva ou discursiva, direta ou indireta; ela pode ser simplesmente inventiva ou construtiva, ou mesmo reduzir-se ao bom-senso elementar; em cada um desses modos há graus, de modo que um homem pode ser mais "inteligente" que outro ao mesmo tempo em que lhe é inferior do ponto de vista do modo. Em outros termos, a inteligência pode ser centrada no intelecto, que é transcendente e infalível em sua essência, ou na razão, que não tem nenhuma percepção direta das realidades transcendentes e não poderia ser garantia, por conseqüência, contra a intrusão do elemento passional no pensamento; a razão pode ser determinada em maior ou menor medida pelo intelecto, mas ela pode também limitar-se às coisas da vida prática, ou mesmo aos aspectos mais imediatos e mais rudimentares desta. Ora, o sistema de castas, como dissemos, resulta essencialmente de uma perspectiva da inteligência, portanto da intelectualidade ou da metafísica, de onde o espírito de exclusividade ou de pureza tão característico para a tradição hindu.

A igualdade – ou antes a indiferenciação – realizada pelo Budismo, pelo Islã e por outras tradições se refere ao pólo "existência" mais que ao pólo "inteligência"; a existência, o ser das coisas, neutraliza e une, enquanto que a inteligência discerne e separa. Em contrapartida, a existência é por sua natureza (*ex-sistere, ex-stare*) "saída" da Unidade, ela é portanto o plano da separação, enquanto que a inteligência, sendo Unidade por sua natureza intrínseca, é o raio que remete ao Princípio; a existência e a inteligência unem e dividem, mas cada uma sob um aspecto diferente, de modo que a inteligência divide onde a existência une, e inversamente. Poderíamos nos exprimir também da maneira seguinte: para o Budismo – que não "nega" expres-samente as castas, mas antes as "ignora" – todos os homens são "um", em primeiro lugar no sofrimento, e depois na via que liberta; para o Cristianismo, todos são "um", em primeiro lugar pelo pecado original, e depois pelo batismo, penhor da Redenção; para o Islã, todos são "um", em primeiro lugar porque criados de pó, e depois pela fé unitária; mas para o Hinduísmo, que parte do Conhecimento e não do homem, é antes de tudo o Conhecimento que é "um", e os homens são diversos por seus graus de participação no Conhecimento, portanto também por seus graus de ignorância; poder-se-ia dizer que eles são "um" no

Conhecimento, mas este só é acessível, em sua pureza integral, a uma elite, de onde o exclusivismo dos brâmanes.

A expressão individual da inteligência é o discernimento; a expressão individual da existência é a vontade. A perspectiva que dá nascimento às castas, como vimos, baseia-se no aspecto intelectual do homem: para ela, o homem é a inteligência, o discernimento; por outro lado, a perspectiva da indiferenciação social – que se refere ao pólo "existência" – parte da idéia de que o homem é a vontade, e ela distinguirá na vontade uma tendência espiritual e uma tendência mundana, como a perspectiva do intelecto e das castas distingue os diversos graus de inteligência ou de ignorância. Isto permite compreender porque a *bhakti* ignora praticamente as castas e pode permitir iniciar mesmo párias: [20] é porque ela vê no homem *a priori* a vontade, o amor, e não a inteligência, a intelecção; por conseqüência, há, ao lado das castas baseadas no "conhecer", uma outra hierarquia baseada no "querer", de modo que as categorias humanas se entrecruzam como os fios de um tecido, ainda que o "querer" espiritual se encontre muito mais freqüentemente lá onde está o "conhecer".

*

Psicologicamente falando, a casta natural é um cosmos; os homens vivem em cosmos diferentes, conforme o "real" no qual são centrados; é impossível ao inferior compreender realmente o superior, pois quem compreende realmente, "é" o que ele compreende. Por outro lado, pode-se dizer que todas essas categorias humanas se reencontram de certa maneira, ainda que seja muito indireta e totalmente simbólica, não somente em cada uma das ditas categorias, mas também em todo homem; há ainda uma certa analogia entre as castas e as idades, no sentido de que os tipos inferiores se reencontram em certos aspectos da infância, enquanto que o tipo passional e ativo será representado pelo adulto, e o tipo contemplativo e sereno pelo velho; é verdade que o processo é em geral o inverso no homem rústico, que não

20. Há, sem dúvida, exceções também no *jnâna*.

guarda, após as ilusões da juventude, nada mais que o materialismo e que identifica com estas ilusões o pouco de nobreza que a juventude lhe havia dado. Mas não esqueçamos que cada um destes tipos fundamentais possui virtudes que o caracterizam, de modo que os tipos não-bramânicos não têm somente uma significação puramente privativa: o *kshatriya* tem a nobreza e a energia, o *vaishya* a honestidade e a habilidade, o *shûdra* tem a fidelidade a a diligência; a contemplatividade e o desapego bramânico contêm eminentemente todas essas qualidades.

O princípio das castas se reflete não somente nas idades, mas também, de outra maneira, nos sexos: a mulher se opõe ao homem, em certo sentido, como o tipo cavalheiresco se opõe ao tipo sacerdotal, ou ainda, sob outro aspecto, como o tipo "prático" se opõe ao tipo "idealista", se assim podemos dizer. Mas, do mesmo modo que o indivíduo não está absolutamente vinculado pela casta, ele não poderia estar vinculado de uma maneira absoluta pelo sexo: a subordinação metafísica, cosmológica, psicológica e fisiológica da mulher é evidente, mas a mulher é não obstante igual ao homem do ponto de vista da condição humana e, portanto, também do da imortalidade; ela é igual sob o aspecto da santidade, mas não sob o das funções espirituais: nenhum homem pode ser mais santo que a Virgem Santíssima e, no entanto, o último dos padres pode rezar a missa ou pregar em público, enquanto que ela não o podia fazer. Por outro lado, a mulher assume, em face do homem, um aspecto de Divindade: sua nobreza, feita de beleza e de virtude, é para o homem como uma revelação de sua própria essência infinita, portanto do que ele "quer ser" porque ele o "é".

Gostaríamos de mencionar, por fim, uma certa relação entre a actualização* das castas e o sedentarismo: é um fato inegável que os tipos inferiores são menos freqüentes entre os nômades

---

* Em inglês e em francês este mesmo termo manteve uma acepção filosófica que o português já não registra: a da passagem do estado potencial para a existência de fato – é a "passagem da potência ao ato". É neste sentido, e não no de "tornar de acordo com o momento atual", ou de "modernizar", que "actualizar" deve ser entendido neste contexto. É por esta razão também que decidimos grafar o termo com o "c", para distingui-lo de "atualizar" como comumente entendido. (N. do T.)

guerreiros que entre os sedentários; o nomadismo aventuroso e heróico faz com que as diferenças qualitativas se encontrem como que submersas em uma espécie de nobreza geral; o tipo materialista-servil pouco aparece e, por compensação, o tipo sacerdotal não se separa completamente do tipo cavalheiresco. Segundo a concepção desses povos, a qualidade humana – a "nobreza" – é mantida pelo gênero de vida combativo: não há virtude sem atividade viril, portanto perigosa; o homem se avilta quando não encara de frente o sofrimento e a morte; é a impassibilidade que faz o homem; é o acontecimento, a aventura, se se quiser, que faz a vida. Esta perspectiva explica o apego desses povos – os beduínos, os tuaregues, os peles-vermelhas, os antigos mongóis – a seu nomadismo ou semi-nomadismo ancestral, e também seu desprezo pelos sedentários, sobretudo os citadinos; de fato, os males mais profundos de que a humanidade sofre vieram das grandes aglomerações urbanas, não da natureza virgem.[21]

*

No cosmo, tudo oferece ao mesmo tempo um aspecto de simplicidade e de complexidade, e há em todo domínio perspectivas que se referem a um ou outro desses aspectos; a síntese e a análise estão na natureza das coisas, e isto é verdadeiro para as sociedades humanas como para outros domínios; é, portanto, impossível que não haja castas em parte alguma, ou que elas não estejam ausentes em lugar nenhum. O Hinduísmo não tem, a rigor, "dogmas", visto que nele todo conceito pode ser negado, com a condição de que o argumento seja intrinsecamente verdadeiro; mas esta ausência de dogmas propriamente ditos, ou seja, "inamovíveis", impede ao mesmo tempo a unificação social. O que a torna possível, particularmente nas religiões monoteístas, é precisamente o dogma, que desempenha o papel de um Conhecimento transcendente acessível a todos; o

21. Entre os balineses, certo abrandamento do sistema hindu pode-se explicar por fatos qualitativamente análogos ao nomadismo, a saber, o isolamento insular e o número necessariamente restrito dos habitantes; além disso, os balineses têm um caráter altivo e independente que os aproxima dos nômades.

Conhecimento enquanto tal é inacessível à maioria, mas ele se impõe a todo homem sob a forma da fé, de modo que o "crente" é algo como um brâmane "virtual" ou "simbólico". O exclusivismo do brâmane em relação às outras castas se repete, *mutatis mutandis*, no exclusivismo do "crente" em relação aos "incrédulos" ou "infiéis"; nos dois casos, é o "Conhecimento" que exclui, quer se trate da aptidão hereditária ao Conhecimento puro, ou do fato de um conhecimento simbólico e virtual, ou seja, de uma crença religiosa. Mas, na fé revelada como na casta instituída, a exclusão – que é condicional e "ofensiva" no primeiro caso, e incondicional e "defensiva" no segundo – não pode ser mais que "formal", não "essencial", pois todo santo é "crente", seja qual for a sua religião, ou "brâmane", seja qual for a sua casta. Seria preciso talvez detalhar, no que diz respeito à questão dos dogmas, que os pilares doutrinais do Hinduísmo são em parte "dogmas móveis", ou seja, que perdem sua absolutez em planos superiores ao mesmo tempo em que a guardam inabalavelmente no plano ao qual eles se referem, fazendo-se abstração das divergências legítimas de perspectiva; mas em tudo isto não há nenhuma porta aberta para o erro intrínseco, sem o que a tradição perderia sua razão de ser. A partir do momento em que discernimos entre o verdadeiro e o falso, a "heresia" torna-se possível, seja qual for nossa reação a seu respeito; ela é, no plano das idéias, o que o erro material é no plano dos fatos.

A casta, em seu sentido espiritual, é a "lei" (*dharma*) que rege determinada categoria de homens em conformidade com suas qualificações; é neste sentido – e neste sentido apenas – que a *Bhagavad-Gîtâ* diz: "Mais vale para cada um sua própria lei de ação, mesmo imperfeita, que a lei de outro, mesmo bem aplicada. Mais vale perecer na própria lei; é perigoso seguir a lei de outro" (III, 35).[22] E do mesmo modo o *Mânava-Dharma-Shâstra*: "Mais vale cumprir suas próprias funções de uma maneira defeituosa do que realizar perfeitamente as de outro; pois aquele que vive no cumprimento dos deveres de outra casta perde imediatamente a sua" (X, 97).

---

22. A *Bhagavad-Gîta* não pode querer dizer que todos os indivíduos devem seguir, contra a tradição, suas opiniões e gostos pessoais, sem o que o Hinduísmo, que é uma tradição, teria deixado de existir há muito tempo.

O Sentido das Raças

A casta tem primazia sobre a raça, porque o espírito é superior à forma; a raça é uma forma, a casta um espírito. Mesmo as castas hindus, que na origem eram puramente indo-européias, não podem se limitar a uma raça: há brâmanes tâmules, balineses, siameses.[1] Contudo, não se pode aceitar que as raças não signifiquem nada além de seus caracteres físicos, pois, se é verdade que os limites formais não têm nada de absoluto, as formas, não obstante, devem ter uma razão suficiente; se as raças não são castas,[2] elas devem ainda assim corresponder a diferenças humanas de outra ordem, um pouco como diferenças de estilo podem exprimir equivalências espirituais mesmo assinalando divergências de modo.

Assim, o pensamento do homem branco – seja ele ocidental ou oriental – é incisivo e movimentado, como seus idiomas e como os traços de sua face; ele tem algo de um "auditivo", por assim dizer, ao passo que o pensamento da raça amarela tem um

1. Os brâmanes siameses são, em plena civilização budista, uma sobrevivência do Bramanismo.

2. Pelo menos assim é nas grandes raças – brancos, amarelos, negros – e em seus intermediários – peles-vermelhas, malaio-polinésios, dravidianos, hamitas negros etc. Mas é sempre possível que grupos étnicos bastante restritos coincidam *grosso modo* com castas.

caráter mais ou menos "visual"[3] e opera por toques descontínuos. O espírito extremo-oriental tem um modo simultaneamente estático e aéreo, ele compensa sua concisão por sua qualidade simbolista, e sua secura por sua delicadeza intuitiva. As línguas dos povos brancos – hamito-semíticos bem como arianos – são flexionais, elas procedem por arabescos mentais, daí as frases longas, carregadas, incisivas; as línguas dos povos amarelos, sejam aglutinantes ou monossilábicas, desdenham o que chamamos "eloqüência", a expressão é nelas sóbria e geralmente elíptica; a beleza é antes lírica do que dramática, pois o homem amarelo vive na natureza – visível e espacial – mais do que no humano e no temporal; sua poesia está ancorada na natureza virgem e não tem nada de prometéico.[4]

O processo mental do homem amarelo é, sob um certo aspecto, como sua face; o mesmo vale para o branco, como dissemos, e também para o negro. A raça negra traz em si mesma a substância de uma "sabedoria existencial"; ela necessita de poucos símbolos, basta-lhe um sistema homogêneo: Deus, a prece, o sacrifício, a dança. O homem negro possui, no fundo, uma "mentalidade não-mental", daí a importância "mental" do corporal, a autoconfiança física e o senso do ritmo; por todas essas características, o negro opõe-se simultaneamente ao branco e ao amarelo.[5]

3. A escrita chinesa, que é a mais importante entre os amarelos e que foi concebida somente por eles, é essencialmente "visual" e não "auditiva", ela transmite imagens e não sons.

4. Os partidários da frase curta desejariam tratar nossas línguas morfológicas como o chinês. A frase curta tem certamente seu lugar legítimo nas línguas da raça branca, mas o modo de expressão habitual destas é a frase complexa: em árabe, um livro é teoricamente uma só frase. Para o branco, a frase é um feixe de pensamentos agrupados em torno de uma idéia central; para o homem amarelo, que se exterioriza menos, ela é uma "sugestão", um "golpe de gongo". É evidente que os brancos que falam línguas mongolóides – finlandeses, húngaros e turcos – delas se servem de maneira diferente da que o fizeram seus ancestrais ainda mongolóides.

5. Trata-se sempre da raça negra como tal, a qual é independente da degenerescência de determinadas tribos. De uma maneira geral, é preciso não esquecer que o estado atual da África negra quase já não dá uma idéia das civilizações florescentes que surpreenderam os viajantes europeus e árabes desde o final da Idade Média e que foram destruídas em seguida.

A originalidade respectiva das raças aparece de uma maneira particularmente inteligível nos olhos: o olho do branco é, em média, profundamente engastado nas órbitas, ele é móvel, penetrante e transparente; a alma "sai" com o olhar e ao mesmo tempo aparece, em sua passividade, por meio dele. Bem diferente é o olho do homem amarelo: fisicamente à flor da pele, ele é em geral indiferente e impenetrável; o olhar é seco e leve como um traço de pincel sobre a seda. Quanto ao negro, seu olho é ligeiramente proeminente, pesado, quente, úmido; seu olhar reflete a beleza tropical, ele combina a sensualidade – às vezes a ferocidade – com a inocência; é o olhar latente e profundo da terra. O olho do negro exprime o que sua face é, ou seja, uma sorte de pesada contemplatividade, ao passo que no branco, que é mais "mental", a face parece exprimir o fogo vivo do olho; no amarelo, o olho atravessa, como um raio de lucidez impessoal, o que a face tem de estático ou de "existencial". Um dos principais encantos do tipo mongolóide está nesta relação complementar entre a passividade existencial da face – uma certa "feminilidade", se se quiser – e a implacável lucidez dos olhos, este fogo frio e inesperado que se acende em uma máscara.

Para compreender o sentido das raças, é importante antes de mais nada ver que elas derivam de aspectos fundamentais do gênero humano, e não de alguma causa fortuita da natureza. Se é preciso rejeitar todo racismo, é preciso rejeitar também um anti-racismo que peca em sentido contrário, atribuindo as diferenças raciais a acasos e querendo reduzir a nada estas diferenças por considerações de grupos sangüíneos inter-raciais etc., isto é, confundindo planos distintos. De resto, que o isolamento de uma raça contribua para sua elaboração não significa absolutamente que a raça só se explique por este isolamento, nem que este isolamento seja uma circunstância fortuita, portanto algo que teria podido não ser; ou ainda, o fato de que não haja nada de absoluto na natureza e que as raças não sejam separadas por compartimentos completamente estanques, não significa de nenhum modo que não haja raças puras ao lado de grupos étnicos mesclados. Esta opinião é ademais desprovida de sentido pela simples razão de que todos os homens têm a mesma origem e que a humanidade – às vezes falsamente qualificada de "raça humana" – represente uma só e mesma espécie. As mesclas raciais são boas ou prejudiciais segundo o caso: elas podem "arejar" um meio étnico tornado por demais "compacto", como podem abastardar um grupo homogêneo com qualidades precisas, e preciosas. O que os racistas nunca compreenderam é que a hereditariedade psíquica é qualitativamente mais diferente de uma casta natural a outra – ainda que a raça seja a mesma – do que entre indivíduos da mesma casta e de raças diferentes; as tendências fundamentais e pessoais predominam sobre os modos raciais, pelo menos enquanto se trata de grandes raças ou de ramos saudáveis, e não de grupos degenerados.[6]

Alguns traços raciais que os brancos têm tendência a tomar por inferioridades marcam, na realidade, seja uma disposição menos "mental" – mas não menos "espiritual" – que a do europeu médio, seja uma vitalidade racial maior do que a sua. Assinalemos nesta ocasião o erro que consiste em tomar por inferioridades o prognatismo,* a pequena altura da fronte e a espessura dos lábios; se um branco estima que o tipo amarelo é inferior ao seu porque este tipo, em sua visão, aproxima-se em alguns detalhes das características "grosseiras" do fácies do negro, o amarelo poderia, com a mesma lógica, ver nos tipos branco e negro duas

6. Uma certa segregação entre negros e brancos não seria nem errônea, nem injusta se não fosse unilateral, isto é, se fosse concebida no interesse das duas raças e sem preconceito de superioridade; é evidente que abolir toda segregação é aumentar as chances de mesclas raciais e votar sua própria raça, seja ela branca ou negra, a uma sorte de desaparecimento. Mas, como uma segregação moralmente satisfatória é irrealizável, teria sido preciso, nos Estados Unidos, ceder aos negros um dos estados do sudeste, pois é absurdo importar uma raça e em seguida censurar sua existência. Na África, onde as mesclas entre brancos e negros estão mais ou menos na natureza das coisas, e isto há milênios, o problema coloca-se de maneira diferente: lá, os brancos acham-se como que absorvidos pelo clima e também por uma certa ambiência do continente, de modo que as mesclas deram origem a grupos humanos perfeitamente harmoniosos; ademais, trata-se neste caso de brancos meridionais, não de germânicos como na América do Norte. Os africanos distinguem claramente entre brancos meridionais e brancos nórdicos e se sentem menos afastados dos primeiros do que dos segundos; é também bastante provável que as mesclas entre tipos humanos tão divergentes como os nórdicos e os negros sejam antes infelizes.

* Conformação da face caracterizada por mandíbula alongada e proeminente, com projeção do queixo inferior para frente. (N. do T.)

degenerescências divergentes, entre as quais ele corresponderia ao justo meio, e assim por diante. o que diz respeito à fronte, sua altura ou volume indica – se é que indica algo, o que pode depender de diversos fatores – nem sempre uma qualidade intelectual, certamente, mas com mais freqüência uma capacidade unicamente criadora ou mesmo simplesmente inventiva; esta capacidade pode tornar-se, por desvio luciferino, uma autêntica hipertrofia mental – uma propensão específica ao "pensamento", mas de nenhum modo ao "conhecimento". A fronte não deve ser muito baixa, sem dúvida, mas há uma dimensão suficiente que pode convir mesmo ao homem mais espiritual; se ela vai além deste ponto, isto, em todo caso, não tem relação com a inteligência pura.

O prognatismo indica a força vital, a amplitude existencial, portanto uma consciência centrada no pólo "ser", ao passo que o tipo ortógnato* corresponde a uma consciência relativamente separada deste pólo, portanto mais ou menos "desenraizada" ou "isolada" em relação a ele, e "criadora" por esta mesma razão.[7] O rosto ortógnato é geralmente mais "aberto" ou mais "pessoal" do que a face prognata, ele exterioriza seus conteúdos mais do que seu ser global, o que significa que ele mostra mais facilmente o que ele vivencia e o que pensa; o nariz é proeminente, como para compensar o recuo da parte bucal e também dos olhos, o que tem o sentido de uma "saída" psíquica. Esta característica do nariz, a qual dá facilmente lugar ao tipo aquilino – este é encontrado aliás em todas as raças, com significações análogas –, esta característica, dizíamos, indica uma

---

Constituição da cabeça caracterizada por pouca proeminência da face, com o ângulo facial quase ou totalmente reto. Ou seja, os queixos ficam aprumados com a parte superior do rosto. (N. do T.)

7. Cabe observar que bosquímanos e melanésios são mais ou menos ortógnatos, enquanto que malaios e indochineses são em geral bastante prógnatos, o que mostra a absurdez da opinião corrente que assimila o prognatismo à barbárie. Se o ortognatismo não dá lugar, entre os povos que acabamos de mencionar, às mesmas conseqüências psicológicas que entre os brancos é porque ele se acha neutralizado por outros fatores raciais, sem perder contudo sua significação; toda forma tem um sentido, mas este sentido não se actualiza sempre da mesma maneira. É impossível interpretar em poucas palavras as numerosas combinações a que os tipos humanos são suscetíveis, e esta não é ademais a nossa intenção.

relação cósmica com os pássaros, portanto com o vôo, o céu e o vento; há aí um aspecto de arrojo e de mobilidade, mas também de instabilidade e de fragilidade. O espírito do branco – sobretudo do ocidental, no qual estes traços são em geral mais pronunciados do que no oriental – tem algo de um fogo "inquieto" e "devorante", ele opera por "saídas" e por "voltas sobre si mesmo"; ele "abre-se" como o fogo, enquanto que o espírito do amarelo "fecha-se" como a água. O negro, de sua parte, parece encarnar a macicez – às vezes vulcânica – da terra, donde esta sorte de serena pesadez – ou de pesada serenidade – que caracteriza sua beleza; sua face pode ter a majestade de uma montanha. Na medida em que esta macicez simultaneamente áspera e doce traduz um aspecto da Existência e que, por este fato, ela se presta como suporte a uma atitude contemplativa – nós a observamos entre os negros muçulmanos –, ela não é certamente uma inferioridade. Acrescentemos que o lado lúgrube da arte negra e do animismo em geral, bem como a tonalidade as vezes surda, ofegante e espasmódica da música africana, referem-se igualmente ao elemento "terra", seja a seu aspecto cavernoso ou subterrâneo, seja a seu aspecto de fertilidade, portanto de sexualidade.

A raça branca, cujo pensamento é o mais exteriorizado, apresenta em seu conjunto um maior "desequilíbrio" que as raças amarela e negra; não há sem dúvida diferença maior, no âmbito da raça amarela, do que aquela que existe entre mongóis e indochineses, mas ela é menor do que a diferença entre europeus e orientais; ir de França ao Marrocos é quase como mudar de planeta. O fato de que uma coletividade em geral tão pouco contemplativa como os europeus, e a coletividade mais contemplativa de todas, a dos hindus, pertençam ambas à raça branca mostra o caráter essencialmente "diferenciado" desta raça: um tibetano sentir-se-á infinitamente menos deslocado no Japão – pensamos no antigo Japão – do que um hindu ou um árabe na Inglaterra, mesmo medieval; mas, de outra parte, a diferença mental entre hindus e árabes é profunda. A diversidade fundamental das religiões, entre os brancos, reflete a diversidade mental, o caráter "acidentado" ao mesmo tempo que "criador" desta raça, característica que, no quadro da humanidade européia, torna-se desequilíbrio e hipertrofia: as raças mediterrânea e nórdica, depois as mentalidades pagã e cristã, não cessaram de se entrechocar no curso da história, não tendo jamais podido dar origem a uma humanidade suficientemente homogênea.

É importante precisar aqui que as religiões criadas pelos amarelos,[8] a tradição do Fo-Hi e do I-Ching, depois o Confucionismo e o Taoísmo que a ela se vinculam, e enfim o Xintoísmo, não deram lugar a civilizações radical e irredutivelmente diferentes como é o caso das grandes civilizações brancas: Cristianismo, Islã e Hinduísmo, sem falar do Ocidente greco-romano, do Egito antigo e de outras civilizações brancas da Antigüidade. Confucionismo e Taoísmo são os dois ramos complementares de uma mesma tradição "pré-histórica", têm a mesma língua sagrada e os mesmos ideogramas; e quanto ao Xintoísmo, ele não diz respeito a todas as possibilidades espirituais e não representa portanto uma "religião" total, mas exige um complemento superior que lhe forneceu o Budismo, donde uma simbiose tradicional da qual a humanidade branca não nos fornece nenhum exemplo; uma observação análoga poderia ser feita no que diz respeito ao Budismo e ao Xamanismo, no Tibete e em outras regiões. Seja como for, o que queremos realçar aqui é que a diferença entre as civilizações amarelas é muito menor do que a diferença entre o Ocidente e o Oriente do mundo branco;[9] a um maior equilíbrio, uma maior estabilidade, deve corresponder uma menor diferenciação.

O conjunto dos amarelos e dos negros se distingue dos brancos sob o aspecto da vitalidade e da menor exteriorização mental, o amarelo em modo seco e leve e o negro em modo pesado e úmido;

---

8. Trata-se aqui de uma simples maneira de falar, sendo desnecessário dizer que uma religião é revelada pelo Céu e não criada por uma raça; mas uma revelação é sempre conforme a um gênio racial, o que não significa de nenhum modo que ela se restrinja aos limites específicos desse gênio.

9. A única cisão fundamental, no Extremo-Oriente, é aquela que separa o Budismo do norte: Tibete, Mongólia, China, Manchúria, Annam, Coréia, Japão, do Budismo do sul: Birmânia, Sião, Camboja, Laos. O Budismo do norte foi absorvido pelo gênio amarelo, enquanto que este foi absorvido por seu turno pelo Budismo do sul. O *Mahâyâna* é a Índia tornada amarela, enquanto que os indochineses teravadinos são amarelos tornados indianos.

comparado com estas duas raças, o branco é um "hipersensível"; contudo, o amarelo, mesmo sendo "estático" como o negro, não possui a "inércia" deste, pois é simultaneamente criador e industrioso. O que distingue o amarelo ao mesmo tempo do branco e do negro é sua fineza intuitiva, sua faculdade artística de exprimir imponderáveis, sua impassibilidade sem inércia, seu equilíbrio no esforço; ele é mais "seco", mais impenetrável, menos nervoso do que o branco e mais "leve", mais ágil, mais criador do que o negro. Talvez pudéssemos dizer também que o branco é essencialmente "poeta", sua alma tem "fissuras" e é movimentada ao mesmo tempo; o amarelo é antes de tudo "pintor", é um visual intuitivo cuja vida psíquica, como dissemos, é mais "lisa" e mais estática, menos "projetada" para a frente, no sentido de que as coisas são vistas na alma em vez de esta se projetar nas coisas. Quanto ao negro, ele não é nem um "cerebral", nem um "visual", mas um "vital", portanto um dançarino nato; ele é um "vital profundo", como o amarelo é um "visual fino", ambos sendo, em relação ao branco, "existenciais" mais do que "mentais". Todas estas expressões não podem ser senão aproximações, pois tudo é relativo, sobretudo em uma ordem tão complexa como a das raças. Uma raça é comparável a um estilo de arte com múltiplas formas, e não a uma forma exclusiva.

O tipo amarelo tem de comum com o negro o fato de que ele marca a indiferenciação existencial – não a preocupação intelectual, a "saída de si", a "busca" ou a "penetração" –, mas esta indiferença é intuitiva e lúcida no amarelo, não vegetativa e passional como no negro; somos tentados a dizer que o amarelo pensa por "imagens", mesmo que sejam "abstratas", mais do que por "especulações", ao passo que o negro pensa por "poderes": a sabedoria do negro é "dinamista", é uma "metafísica das forças". Assinalemos a extrema importância, entre os negros, dos tantãs, cuja função é central e quase sagrada: são os veículos dos ritmos que, comunicando-se aos corpos, reconduzem todo o ser às essências cósmicas. É a inteligência, mais do que o corpo – por paradoxal que isto possa parecer – que precisa, no negro, de ritmos e danças, precisamente porque seu espírito possui um modo "plástico" ou "existencial" e não "abstrato";[10] o corpo, pelo fato mesmo de sua cristalização-limite no processo demiúrgico, representa o "ser" por oposição ao "pensamento", ou nosso "ser inteiro" por oposição a nossas preocupações mais ou menos particulares ou à nossa consciência "exterior". O rufar dos tantãs, semelhante ao trovão dos céus, manifesta a voz da Divindade; ele é, por sua natureza e por sua origem sagrada, uma "lembrança de Deus", uma "invocação" do Poder simultaneamente criador e destruidor, portanto também liberador, na qual a arte humana canaliza a manifestação divina e na qual o homem participa igualmente pela dança; ele participa nela assim "com todo o seu ser", a fim de recuperar a fluidez celeste pelas "vibrações analógicas" entre a matéria e o Espírito. O tambor é o altar, o rufar marca o "descenso" de Deus e a dança a "ascensão" do homem.[11]

---

10. Permitir ao negro dançar submetendo-o ao mesmo tempo a uma civilização em que a dança não tem nenhuma função séria é completamente ineficaz, pois o negro não tem o que fazer de danças "permitidas" ou de ritos "tolerados", ou mesmo encorajados a título de simples "folclore"; ele precisa de ritmos – de corpos e de tambores – que possa levar a sério, algo que o Islã lhe oferece, e também o Cristianismo abissínio. Acreditamos de bom grado que este ou aquele negro, mesmo na África, não sofra em absoluto por não poder dançar ao som dos tantãs, mas esta não é a questão, pois trata-se aqui de integração coletiva e não de adaptação individual. No negro americano, esta necessidade de ritmos corporais e musicais se manteve, mas não pôde exteriorizar-se senão em modo trivial: é a vingança póstuma de um gênio racial que foi pisoteado. Na mesma ordem de idéias, um movimento como o dos Mau-Maus explica-se em última análise não por uma "ingratidão", como se considerou tolamente, mas pelo simples fato de que os negros são negros, e não brancos, se nos permitem esta formulação algo elíptica; pode-se de resto fazer uma observação análoga – é a própria evidência – no que diz respeito a todos os casos semelhantes. Acrescentemos que não existem seres humanos sem nenhum valor, o que significa dizer que, se se concede a homens o direito à existência, é preciso conceder-lhes também – de uma maneira eficaz – o direito a certos elementos de sua cultura.

11. O mesmo simbolismo é encontrado nas danças dos dervixes, e em princípio mesmo em toda dança ritual. Considera-se que as danças de amor, de colheita, de guerra abolem as separações entre os graus da existência e estabelecem um contato direto com o "gênio" ou o "Nome Divino" respectivo. As infidelidades humanas não alteram em nada o princípio e não tiram dos meios seu valor: qualquer que possa ser a importância de considerações utilitárias e de procedimentos mágicos, em determinado animismo negro ou em determinado xamanismo siberiano ou pele-vermelha, os símbolos permanecem o que são e as pontes para o Céu sem dúvida não são nunca completamente rompidas.

Para voltar à raça branca, poderíamos caracterizá-la, com o risco de nos repetir, pelas palavras "exteriorização" e "contraste": o que se exterioriza tende à diversidade, à riqueza, mas também a um certo "desenraizamento criador", e isto explica que a raça branca seja a única a ter dado origem a várias civilizações profundamente diferentes, como observamos mais acima; de resto, os contrastes que entre os brancos em seu conjunto se produzem "no espaço", na simultaneidade, produzem-se entre os ocidentais no tempo, ao longo da história européia. Acrescentaremos que, se o branco é um "fogo" inquieto e devorante, ele pode ser também – é o caso do hindu – uma chama calma e contemplativa; quanto ao amarelo, se ele é "água", pode refletir a lua, mas também se abater como uma tormenta; e se o negro é "terra", ele tem, ao lado da inocente macicez deste elemento, a força explosiva dos vulcões.[12]

Cada uma das três grandes raças – e cada um dos grandes ramos intermediários – produz a beleza perfeita, portanto incomparável e de certa maneira insubstituível; é necessariamente assim, porque cada um destes tipos é um aspecto da norma humana.[13] Comparadas com a beleza branca, as belezas amarela e negra parecem muito mais esculturais que ela; elas estão mais próximas da substância e da feminilidade que o tipo branco, feminilidade que a raça negra exprime em modo telúrico e a raça amarela em modo celeste. A beleza amarela realiza em seu ápice uma nobreza quase imaterial, mas freqüentemente suavizada

---

12. Estas correspondências fundam-se sobre os elementos visíveis, que são em número de três. Não sabemos qual é a origem da seguinte classificação: raça branca, água, linfática, norte, inverno; raça amarela, ar, nervosa, leste, primavera; raça negra, fogo, sangüínea, sul, verão; raça vermelha, terra, biliosa, oeste, outono. Este quadro, ainda que comporte alguns elementos plausíveis, exige sérias reservas. O fato de que a raça vermelha comporte um tipo que não se encontre em nenhum outro lugar com o mesmo grau de precisão e de expansão não autoriza, contudo, a considerá-la como uma raça fundamental, pois ela abrange também tipos que são encontrados nas raças amarela e branca.

13. Segundo uma opinião bastante difundida, a norma identifica-se à média, o que equivale a dizer que o princípio reduz-se ao fato e a qualidade à quantidade; a mediocridade e a feiúra tornam-se "realidade"; ora, na feiúra, a expressão do gênio racial é imprecisa, pois só a beleza é típica, só ela representa o essencial e o inteligível.

por uma simplicidade de flor; a beleza branca, por sua vez, é mais pessoal e sem dúvida menos misteriosa porque mais explícita, mas por isto mesmo bastante expressiva e marcada, às vezes, por uma sorte de grandeza melancólica. Talvez fosse necessário acrescentar que o tipo negróide, em seu ápice, não se reduz simplesmente à "terra", ou antes que ele reencontra as coagulações preciosas da terra e escapa assim à sua pesadez primeira: ele realiza então uma nobreza de basalto, de obsidiana ou de jaspe, uma sorte de beleza mineral que transcende o passional e evoca o imutável.

À margem das grandes raças, há também o tipo tropical, que é mais ou menos negróide e que, nas zonas equatoriais, atravessa como uma trama os tipos branco e amarelo, o que parece indicar o papel importante – mas não exclusivo – do clima na elaboração do tipo negro; de outra parte, não há tipo nórdico que se encontre em raças diferentes, de modo que se pode concluir que a diferenciação em brancos e amarelos não é devida senão a divergências fundamentais de ordem interior. Há pelo contrário, *grosso modo,* um temperamento nórdico que se opõe ao temperamento tropical: o primeiro é representado, fora da Europa e de seus domínios étnicos, pelos índios da América do Norte – tipo fechado e pouco sensual – e o segundo notadamente pelos dravidianos e malaios.

A arte simultaneamente sutil e frenética dos tambores, a paixão da dança e o caráter mais ou menos sagrado desta, depois a inocente altivez – ou a altiva inocência – do corpo nu em ambos os sexos, são alguns dos traços que aparentam africanos, dravidianos e balineses, com a única reserva de que entre estes últimos o gamelang – instrumento de estilo mongólico – substitui o tantã afro-indiano. Como entre os negros da África, há na alma do asiático tropical de que se trata – se bem que numa menor proporção e com um fundo sacerdotal – algo do elemento "terra", de sua fertilidade e de sua "sensualidade", de sua alegria e também de sua pesada indiferença.

*

Segundo um erro corrente, haveria "um tipo" italiano, alemão, russo etc.; na realidade, há em cada povo uma série de tipos bem divergentes, de importância desigual, mas todos característicos para este povo, em seguida tipos os quais se poderia encontrar em outros povos da mesma raça e, enfim, um ou vários tipos psicológicos que se sobrepõem a ela. Na série de tipos que, por exemplo, são especificamente japoneses, uma determinada face pode estar muito mais próxima de certo tipo chinês do que de outra face nipônica; do mesmo modo, em cada povo de raça branca, há cabeças "européias", "árabes", "hindus" e assim por diante; a significação psicológica destas conformações é em geral completamente secundária e está freqüentemente neutralizada por outros fatores, enquanto que uma certa significação de "estilo mental" permanece sempre válida.

Um erro análogo, e tanto mais difundido por estar ligado a sentimentos políticos e orgulhos regionais, consiste em confundir os povos com os Estados em que eles vivem em maioria, e em acreditar que os grupos que se encontram acidentalmente fora das fronteiras do Estado formam outros povos: chamam-se de "franceses" unicamente os habitantes da França – aí incluídos os grupos estrangeiros ao povo francês – e "alemães" apenas os habitantes da Alemanha, ao passo que outrora falava-se das "Alemanhas", o que era justo; ou se diz que os valões, por exemplo, são diferentes dos "franceses", como se os normandos não fossem diferentes dos gascões, ou como se alguns alemães – ou antes "alemanianos" – do sul não fossem muito mais diferentes dos prussianos do que dos alsacianos ou dos suíços alemães, a tribo alemaniana estando dividida por várias fronteiras políticas, como é aliás também o caso da tribo bavaro-austríaca. Os "regionalistas" invocam também diferenças mentais devidas a causas secundárias, das quais eles exageram o alcance, e esquecem não apenas que diferenças infinitamente maiores se encontram no interior de cada país em função de confissões religiosas, partidos políticos, níveis culturais etc., mas também que as mentalidades políticas podem-se modificar de uma geração para outra; do mesmo modo, acontece de se atribuir um caráter pacífico a determinado povo – ou a determinado fragmento autônomo de povo – pela simples razão de que não há nenhum motivo para fazer a guerra ou que ele está na impossibilidade de fazê-la, ou que ele se limita a fazê-la contra "homens de cor" e assim por diante; mas nem sonhamos em poder enumerar todas as confusões deste gênero.[14]

*

Na arte, o branco – pelo menos o ocidental – tem tendência a separar o homem da natureza, e mesmo opô-lo a ela; o amarelo permanece na natureza, que ele espiritualiza e que nunca destrói, de modo que as construções dos amarelos guardam sempre algo da floresta, mesmo no caso dos indochineses hinduizados, onde a perspectiva hindu integra-se na maneira de ver e de sentir dos mongolóides; pode-se dizer, *grosso modo*, que a civilização material do amarelo é largamente "vegetal" e "naturista", que

14. No que diz respeito às mentalidades étnicas reais no quadro da Europa, não é exagerado admitir que os latinos são racionais e os germânicos imaginativos: um argumento deve, *grosso modo*, dirigir-se seja antes à razão, seja antes à imaginação, segundo seja destinado a massas francesas ou alemãs. Estes traços podem ser qualidades – seria muita falta de sensibilidade censurar determinado místico renano por sua imaginação espiritualizada –, como podem ser defeitos e, neste último caso, diremos que um racionalismo "passional" e sem imaginação, ou seja, simultaneamente arbitrário e estéril, não vale mais do que uma imaginação desordenada, e passional por sua vez; somos tentados a dizer que para o francês médio a grandeza é loucura, enquanto que para o alemão a loucura é grandeza – um pouco como La Fontaine distinguia franceses e espanhóis dizendo do orgulho que "o nosso é muito mais estúpido e o deles muito mais louco". Quanto à linguagem, sabe-se que as palavras latinas "definem", enquanto que as palavras germânicas "recriam", daí a freqüência de onomatopéias; o latim discerne, separa e isola, enquanto que o germânico é "existencial" e simbolista, ele refaz as coisas e sugere qualidades. Um outro exemplo dessas diferenças mentais nos é fornecido pela escrita alemã ou gótica, que exprime bem o que o gênio germânico e mais particularmente alemão tem de imaginativo, de "vegetativo", de "quente" e de "íntimo" (clima expressado por palavras como *traut, heimatlich, geborgen*), enquanto que os caracteres latinos exteriorizam, por sua frieza mineral e sua simplicidade geométrica, a clareza e a precisão pouco imaginativas dos romanos. A importância dos caracteres góticos na Idade Média acompanha a da influência germânica, a qual a Renascença combateu e a Reforma reafirmou à sua maneira. As cidades medievais do norte, com suas casas estreitas de madeiramento visível e formas geralmente irregulares, traduzem igualmente o que a alma germânica tem simultaneamente de íntimo e de fantástico.

ela está centrada na madeira, no bambu e na terracota, mais do que na pedra, da qual o amarelo parece desconfiar, em geral, como de uma matéria "morta" e "pesada".[15] De um outro lado, nada está mais afastado do gênio amarelo do que o nu musculoso e dramático dos ocidentais;[16] o amarelo vê a sublimidade primordial e celeste não no corpo humano, mas na natureza virgem: os Deuses dos amarelos são como flores, têm rostos de lua cheia ou de lótus; mesmo as ninfas celestes do Budismo combinam a nudez ainda toda hindu – portanto de uma sexualidade e de um ritmo pronunciados – com a graça floral que lhes empresta o gênio amarelo. A serenidade dos Budas e a transparência das paisagens, na arte dos amarelos, denotam qualidades de expressão que não se encontram em nenhuma outra parte no mesmo grau, e que estão nos antípodas do gênio atormentado dos brancos da Europa. A pintura extremo-oriental tem algo de aéreo, um encanto inimitável de visão furtiva e preciosa; em compensação, o terror dos dragões, dos gênios e dos demônios acrescenta à arte extremo-oriental um elemento dinâmico e flamejante.

O herói japonês – malgrado analogias evidentes ou eventuais com o cavaleiro ocidental[17] – guarda o laconismo da alma

15. Os grandes templos em pedra, Angkor Vat e Borobudur, são monumentos indianos executados por amarelos indianizados.

16. Há um classicismo limitado que, não dispondo de nenhum critério objetivamente válido e carecendo tanto de imaginação como de inteligência e de gosto, não vê na civilização chinesa senão mesquinharia e rotina: crê-se que os chineses são "inferiores" porque não tiveram nem Miquelângelo nem Corneille, ou porque eles não criaram a Nona Sinfonia etc.; ora, se a grandeza da civilização chinesa não tem nada de prometéico, é que ela situa-se em pontos onde o preconceito clássico é incapaz de descobri-la; no plano simplesmente artístico, há bronzes antigos que revelam mais grandeza e mais profundidade do que toda a pintura européia do século XIX. A primeira coisa a compreender é que não existe grandeza real fora da verdade, e que esta certamente não tem necessidade de expressões grandiloqüentes. Em nossos dias, assistimos a uma nova reação contra o classicismo – no sentido amplo do termo –, mas que, longe de ser saudável, produz-se ao contrário por baixo, seguindo o ritmo habitual de uma certa "evolução".

17. Diz-se às vezes que os japoneses têm "alma européia", o que é tão falso quanto pretender que os russos tenham "alma asiática"; se o espírito nipônico fosse ocidental, o *Mahâyâna* não teria podido lá se implantar e ainda menos conservar-se intacto; o mesmo vale para a arte budista, que encontrou no Japão uma de suas expressões mais altamente espirituais.

mongólica, compensando-o não obstante com um lirismo por certo comovente, mas de caráter mais visual do que auditivo, e sempre inspirado pela natureza. O samurai é breve e sutil, e não esquece, na sublimidade, nem o senso prático nem a cortesia; ele tem impetuosidade, disciplina fria e uma delicadeza simultaneamente de artista e de contemplativo zen; o teatro clássico no-lo apresenta como uma sorte de inseto celeste cujos surpreendentes sobressaltos e as posturas rigidamente hieráticas nos afastam singularmente do herói grego ou shakespeariano. Na alma amarela, que é muito pouco ostentadora, as pequenas coisas desvelam sua grandeza secreta: uma flor, uma xícara de chá, um traço de pincel preciso e transparente; a grandeza preexiste nas coisas, em sua verdade primeira. É o que exprime também a música extremo-oriental: sons delicados que gotejam como a espuma de uma cascata solitária, numa sorte de melancolia matinal; golpes de gongo que são como o estremecimento de uma montanha de bronze; melopéias que surgem das intimidades da natureza, mas também do sagrado, da dança grave e dourada dos Deuses.

*

Talvez devêssemos, apesar das reservas que se impõem *a priori*, retornar aqui à analogia que estabelecemos entre as três raças fundamentais ou "absolutas", por outro lado, e os três elementos visíveis, por outro,[18] referindo-nos agora à teoria hindu das três tendências cósmicas (*gunas*): os hindus, com efeito, atribuem o fogo – que ascende e que ilumina – à tendência ascendente (*sattwa*); a água – que é transparente e que se espalha em sentido horizontal – à tendência expansiva (*rajas*); e a terra – que é

18. Os dois elementos invisíveis, o ar e o éter, estão incluídos nos elementos visíveis, o primeiro em sentido "horizontal" e "secundário" e o segundo em sentido "vertical" ou "primordial": o fogo e a água reabsorvem-se no ar que é como que sua base, eles vivem dele de certa maneira, enquanto que o éter penetra todos os elementos, dos quais ele é a *matéria prima* ou a quintessência (*quinta essentia*). Falando de "elementos", não pensamos na análise química, bem entendido, mas no simbolismo natural e imediato das aparências, o qual é perfeitamente válido e mesmo "exato" do ponto de vista em que nos colocamos.

pesada e opaca – à tendência descendente ou solidificante (*tamas*). A precariedade da tendência ascendente explica os desvios greco-romano e moderno: o que nos hindus é penetração intelectual e contemplatividade tornou-se hipertrofia mental e engenhosidade nos ocidentais; nos dois casos, a ênfase é posta no "pensamento", no sentido mais amplo, mas os resultados são diametralmente opostos. A raça branca é "especulativa", no sentido próprio e também no sentido abusivo: ela influenciou fortemente o espírito de outras raças, por meio do Bramanismo, do Budismo, do Islã, do Cristianismo, mas também pelo desvio moderno, sem ter sido influenciada por nenhuma delas a não ser debilmente. A raça amarela, por sua vez, é contemplativa sem colocar a ênfase no elemento dialético, isto é, sem experimentar a necessidade de revestir sua sabedoria de mentalizações complexas e instáveis; esta raça deu origem ao Taoísmo, ao Confucionismo e ao Xintoísmo, ela criou uma escrita única em seu gênero e uma arte original, profunda e poderosa, mas não determinou nenhuma civilização estrangeira; ela foi profundamente marcada pelo Budismo, sabedoria de origem branca – não é a sabedoria que é racial, mas o veículo humano da Revelação –, impondo não obstante a esta tradição a marca de seu gênio simultaneamente poderoso e sutil.[19] As conquistas dos amarelos difundem-se como um maremoto, revirando tudo em sua passagem, mas sem transformar suas vítimas como o fazem as conquistas dos brancos;[20] os amarelos, seja qual for sua impetuosidade, "conservam" como a água, eles não "transmutam" como o fogo;

---

19. Haveria que mencionar aqui igualmente as civilizações americanas pré-colombianas, se bem que haja nelas, ao lado do elemento mongolóide, um elemento atlântido que é talvez anterior às grandes diferenciações raciais, ou que se vincula aos brancos, aproximando-se dos antigos egípcios e dos berberes primitivos. A América apresenta, racial e culturalmente, como que uma mescla entre a Sibéria mongólica e o Egito antigo, daí o xamanismo, as tendas cônicas, os trajes de couro ornados de pendentes, os tambores mágicos, as cabeleiras longas, as plumas e as franjas e, no Sul, as pirâmides, os templos colossais de formas estáticas, os hieróglifos e as múmias. Entre as três grandes raças da humanidade, não há apenas tipos resultantes de mesclas, mas também, parece-nos, tipos que permaneceram mais ou menos "indiferenciados"; pode-se conceber igualmente que a humanidade primordial, mesmo não conhecendo ainda raças, comportava esporadicamente tipos bastante diferenciados, espécies de prefigurações das raças atuais.

20. César romanizou a Gália, os muçulmanos islamizaram partes da África, da Europa, da Ásia, os europeus europeizaram a América, mas os mongóis nunca mongolizaram nada; seu gênio espiritual é demasiado implícito para poder lavrar outras raças.

vencedores, eles se deixam absorver pelos vencidos de civilização estrangeira. Quanto à raça negra, ela é "existencial", como dissemos, o que explica sua passividade e sua inaptidão à irradiação, mesmo no seio do Islã; mas esta característica torna-se qualitativa e espiritual pela intervenção do elemento contemplativo que está no fundo de todo homem e que tira o melhor de toda determinação natural.

Poder-se-ia dizer também que as raças branca e amarela, enquanto correspondem respectivamente aos elementos "fogo" e "água", reencontram-se no elemento "ar": este possui as duas qualidades de leveza (*sattva*) e de mobilidade (*rajas*), ao passo que o fogo se caracteriza pela luminosidade (*sattva*) e o calor (*rajas*), e a água pela fluidez (*rajas*) e a pesadez ou passividade (*tamas*); mas há no fogo também a destrutividade (*tamas*), e na água a diafaneidade (*sattva*), de modo que a raça amarela, na medida em que a "diafaneidade" nela predomina – isto é, em sua contemplatividade e na arte que a materializa –, está "mais próxima do Céu" do que a raça branca enquanto esta assume o aspecto da destruição (*tamas*). O elemento "terra" possui os dois aspectos de pesadez ou imobilidade (*tamas*) e de fertilidade (*rajas*), mas a ele se acrescenta também, pelos minerais, uma possibilidade luminosa, que poderíamos denominar "cristaleidade" (*sattva*); a espiritualidade dos negros tem habitualmente um caráter de pureza estática, ela realça o que a mentalidade negra tem de estável, de simples e de concreto. O que é "inércia" (terra) no negro, torna-se "equilíbrio" (água) no amarelo e, com efeito, um dos traços mais marcantes nesta raça é sua faculdade de manter o equilíbrio entre os extremos; quanto à "instabilidade" (fogo) do branco, é significativo que os hindus a tenham neutralizado pelo sistema de castas, a fim de prevenir *a priori* o perigo de desvio que comporta a qualidade cósmica ígnea (*sattva*); entre os semitas, e os europeus enquanto vinculam-se ao espírito semítico, a instabilidade acha-se compensada pelo dogmatismo religioso.[21] O éter possui a qualidade intrínseca de

21. o que diz respeito aos grupos amarelos e negros vinculados às religiões semíticas, o dogma aparecerá para eles não em sua função estabilizadora, mas em sua função simplificadora, o perigo não sendo aqui a divagação ideológica, mas a ignorância e o materialismo.

imutabilidade principial ou de ipseidade (*sattva*), com os aspectos extrínsecos de diferenciação (*rajas*) e de solidificação (*tamas*); ele representaria em nosso jogo de correspondências o homem primordial ou, por derivação, o homem como tal. Esta "alquimia" não parecerá estranha a nossos leitores habituais, e sobretudo ela lhes mostrará – se é que isto necessita de demonstração – que há em cada determinação racial um aspecto positivo próprio a neutralizar, dado o caso, um aspecto nefasto.

A raça branca, se tem talvez uma preeminência relativa, não a possui senão pelo grupo hindu, que perpetua de certa maneira o estado primordial dos indo-europeus e, em sentido mais vasto, de todos os brancos; os hindus caracterizam-se por sua extraordinária contemplatividade e pelo gênio metafísico que daí resulta; mas a raça amarela é por seu turno bem mais contemplativa que o ramo ocidental da raça branca, o que permite, de uma maneira global, falar de uma preeminência espiritual do Oriente tradicional, seja ele branco, seja amarelo, englobando ademais nesta superioridade o messianismo ou profetismo semítico, que é paralelo ao avatarismo ariano. Todos estes elementos foram postos em questão pela difusão do espírito moderno, que possui o dom de abalar ou de inverter todos os valores, de maneira que determinada propensão natural para a espiritualidade pode perder toda eficácia e a espiritualidade se actualizará talvez, no fim, lá onde menos se espera. E isto nos leva a sublinhar, ainda uma vez, o caráter condicional de toda superioridade hereditária: se se leva em conta o papel das religiões e das ideologias, depois o do jogo de compensações no espaço e no tempo, e se observa, por exemplo, que um grupo reputado como bárbaro pode ser incontestavelmente superior a um outro grupo considerado civilizado – sem mesmo falar da possibilidade de superioridade pessoal entre indivíduos de qualquer grupo –, reconhecer-se-á que a questão da superioridade racial carece praticamente de objeto.

*

Terá ficado claro, após tudo que expusemos, que a questão que se coloca para nós não é: "Qual é a nossa herança racial?", mas antes : "Que fazemos desta herança?" Falar de um valor racial é, para o indivíduo, completamente desprovido de sentido, pois a existência do Cristo ou da doutrina vedantina não acrescenta nenhum valor ao branco de natureza vil, assim como a barbárie de determinadas tribos negras não tira, seja o que for, ao negro de alma santa; e quanto ao valor efetivo, não de uma raça, mas de um atavismo étnico, esta é uma questão de "alquimia espiritual" e não de dogmatismo científico ou racista.

Sob certo aspecto, a razão metafísica das raças é que não pode haver apenas diferenças qualitativas como as das castas; a diferença pode e deve produzir-se também "em sentido horizontal", isto é, do simples ponto de vista dos modos, não das essências. Não pode haver somente diferenças entre a luz e a escuridão, há que haver também diferenças de cor.

Se cada casta reencontra-se de certo modo nas outras castas, pode-se dizer o mesmo das raças, pelas mesmas razões, fazendo-se abstração das questões de mescla. Mas há também, à parte as castas e as raças, os quatro temperamentos, os quais Galeno relaciona aos quatro elementos sensíveis, e os tipos astrológicos, que se relacionam aos astros de nosso sistema; todos esses tipos – ou estas possibilidades – residem na substância humana e fazem o indivíduo, determinando-o de múltiplas maneiras; conhecer os aspectos do homem é uma maneira, entre outras, de melhor se conhecer a si mesmo.

As raças existem, e não podemos ignorá-las, tanto mais que os tempos dos universos fechados já passaram, e com eles o direito às simplificações convencionais; em todo caso, o que é importante compreender em primeiro lugar é que a determinação racial não poderia ser senão relativa, o homem determinado nunca deixando de ser o homem como tal.

A uniformização moderna, que faz que o mundo estreite-se cada vez mais, parece poder atenuar as diferenças raciais, ao menos no plano mental e sem falar das mesclas étnicas, e isto não tem nada de surpreendente quando se pensa que esta civilização uniformizante está nos antípodas de uma síntese pelo alto, ou seja, funda-se unicamente nas necessidades terrestres do homem; a animalidade humana, com efeito, oferece em princípio uma base de entendimento bastante fácil, aproveitando-se do esboroamento das civilizações tradicionais, e sob os auspícios de uma "cultura" quantitativa e espiritualmente inoperante. Mas o fato de apoiar-se assim sobre o que liga os homens "por baixo" pressupõe que se separem as massas, que são intelectualmente passivas e inconscientes, das elites que as representam legitimamente e que encarnam, por conseqüência, com a tradição – na medida em que ela se adapta a determinada raça –, o gênio racial no sentido mais elevado.[22]

*

Gostaríamos de aproveitar a ocasiao para dizer algumas palavras, à margem de nossas considerações sobre as raças mas não sem relação com elas, acerca da oposição – verdadeira ou falsa – entre Ocidente e Oriente. Antes de mais nada há, dos dois lados, uma oposição interna entre o patrimônio sagrado e o que dele se separa, seja ativamente, seja de uma maneira passiva; isto significa que a distinção Oriente-Ocidente não tem nada de absoluto, que há um "Oriente ocidental" como havia – ou como ainda há talvez em alguns ambientes – um "Ocidente oriental", tal como o Monte Athos ou algum outro fenômeno mais ou menos isolado. No que toca ao Oriente, é preciso, portanto, começar por distinguir – sob pena de contradições inextricáveis – entre os orientais que não devem nada ou quase nada ao Ocidente , e que têm todas as razões e todos os direitos de resistir a ele, e os orientais que, ao contrário, devem tudo ao Ocidente – ou que imaginam tudo lhe dever – e que passam de bom grado seu tempo enumerando os crimes coloniais da Europa, como se os europeus fossem os únicos homens a terem conquistado países e explorado outros povos. O zelo cego com o qual os orientais ocidentalizados,

22. Se falamos de "elites", no plural, é não porque acreditamos na existência de uma elite que não seja a intelectual ou espiritual – a espiritualidade estando excluída sem um fundamento de verdade, portanto de intelectualidade –, mas unicamente para dizer que a elite comporta modos e níveis que atravessam o povo como as artérias atravessam um corpo; se a elite é *a priori* de substância sacerdotal, é não obstante evidente que encontramos meios de elite em todos os níveis da sociedade, como, inversamente, não há corpo sacerdotal sem os seus fariseus, o que não abole em nada a hierarquia normal.

qualquer que seja sua coloração política, impulsionam a ocidentalização do Oriente prova indubitavelmente a que ponto eles estão convencidos da superioridade da civilização ocidental moderna, a mesma que engendrou o colonialismo, como também o maquinismo e o marxismo; ora, há poucas coisas tão absurdas quanto o anti-ocidentalismo dos ocidentalizados, pois das duas uma: ou esta civilização é digna de ser adotada, e então os europeus são super-homens aos quais deve-se por assim dizer um reconhecimento eterno, se nos permitem utilizar um abuso de linguagem, ou os europeus são malfeitores dignos de desprezo, e então sua civilização cai com eles e não há nenhuma razão para imitá-los. Na prática, imita-se o Ocidente integralmente, do fundo do coração e em seus caprichos mais inúteis; longe de se limitar a um armamento moderno em vista de uma defesa legítima, ou a ferramentas econômicas que possam enfrentar as situações criadas pela superpopulação e devidas em parte aos crimes biológicos da ciência moderna, adota-se a própria alma do Ocidente antitradicional, a ponto de pedir à "ciência das religiões" e à psicanálise, e até ao surrealismo, as chaves da sabedoria milenar do Oriente. Em uma palavra, crê-se na superioridade do Ocidente, e censura-se aos ocidentais por terem acreditado nela.

Mas deixemos este aspecto paradoxal do modernismo e interroguemos a alma intemporal da Ásia e da África: o que, aos olhos dos não-ocidentais fiéis às suas tradições, torna o colonialismo ocidental mais odioso do que outros jugos fisicamente mais cruéis são precisamente os elementos que não são encontrados senão na civilização moderna: antes de mais nada, um materialismo espiritual e não simplesmente físico – materialismo *de jure* e não *de facto* somente – e a mescla de hipocrisia [23] e perfídia que daí decorre, depois a trivialidade e o enfeamento de todas as coisas; mas, acima de tudo, é também a

23. Por exemplo, trata-se de hipocrisia interessada declarar "bárbaro" um povo porque ele "fez isto ou aquilo" e negar-lhe por este motivo os direitos considerados elementares, ao passo que em outros casos atribui-se as mesmas maneiras de agir à "época" ou às "circunstâncias", segundo trate-se do passado ou do presente; ou ainda, quando não se pode impedir de aplicar o termo "barbárie" a adversários europeus, acrescenta-se facilmente o epíteto "asiático", como se o europeu como tal – isto é, encarado fora de toda afinidade com o restante da humanidade – fosse incapaz de maldade.

invencibilidade política e a inassimilabilidade cultural que conferem aos "brancos" – no sentido convencional do termo – algo de jamais visto, de extra-humano de alguma maneira ou de quase "marciano".[24] Nem mongóis nem muçulmanos tinham este curioso espírito antitradicional; sua força militar não era absoluta; mongóis e manchus transmutaram-se em chineses, outros mongóis foram absorvidos pelo Islã e, no Ocidente, pelo Cristianismo. O impulso conquistador dos muçulmanos chocou-se finalmente com limites naturais, mas o que é bem mais importante é que a mentalidade islâmica era tradicional e combinava, em suas tendências profundas, com o Hinduísmo; a espiritualidade muçulmana podia até mesmo dar um novo impulso à mística vishnuíta, exatamente como o Budismo, alguns séculos antes, tinha podido revivificar alguns aspectos da espiritualidade hindu. O mínimo que se pode dizer é que o espírito moderno não comporta nada parecido – dados seus princípios e tendências, e a despeito das ilusões correntes – e que a ameaça ocidental contra os bens mais sagrados do Oriente é, ao contrário, ilimitada, como o prova precisamente o espírito antitradicional dos "jovens orientais" ou, o que dá na mesma, o suicídio atual do Oriente.

24. Os metropolitanos têm das colônias uma idéia muito sumária, no sentido de que eles não pensam senão em seus "benefícios"—isto é, o que aparece como tais a seus olhos – e que eles esquecem não somente a escala de valores da civilização estrangeira, mas também a mentalidade especial dos colonos, que é necessariamente deformada por uma situação anormal e psicologicamente "malsã"; discute-se a perder de vista a questão de saber se os colonizados são "bons" ou "maus", "reconhecidos" ou "ingratos", e se esquece que, sendo homens, eles não podem não ter tais reações em tais circunstâncias. Os colonos têm inevitavelmente um absurdo complexo de superioridade – Lyautey apontou isto com pesar – e os "indígenas" não podem impedir-se de sofrer com isto; há coisas que estradas e hospitais não poderiam substituir na alma humana, e é surpreendente que os europeus, tão "idealistas", sejam tão lentos em percebê-lo. Se os europeus acreditam oferecer a seus "protegidos" liberdades que estes desconheciam, eles não se dão conta de que estas liberdades excluem outros modos de liberdade que eles mesmos, europeus, não mais concebem; eles dão bens, mas ao mesmo tempo impõem sua própria concepção do bem, o que nos leva ao velho adágio de que é o mais forte quem tem razão. Esta mentalidade acumula e depois libera, no colonizado, o que há de mais inferior no homem coletivo; tudo se fez para comprometer a tradição, cuja ruína se deseja do fundo do coração, e depois se surpreendem com o mal que brota de suas fissuras.

Para esses "jovens", o cúmulo da abjeção é ser fraco, portanto "colonizável"; a fraqueza é então, freqüentemente, sinônimo de tradição, como se a questão da verdade não tivesse que se colocar nem na avaliação da força ocidental, nem na interpretação dos valores tradicionais. É "verdadeiro" o que dá força, mesmo que leve ao inferno; à antiga corrupção sucede-se uma virtude raivosa e mesmo diabólica; quer-se "libertar" um povo ao preço do que dá um sentido à sua existência, e argumenta-se de bom grado que é preciso "avançar com seu tempo", como se pudesse haver um imperativo que obrigasse o homem a abdicar de sua inteligência, ou que lhe permitisse fazer isto. Se o erro é inevitável, a oposição intelectual ao erro o é igualmente, independentemente de toda questão de oportunidade ou de eficácia; a verdade não é boa porque é oportuna ou eficaz, mas porque é verdadeira, sem esquecer que ela coincide com a realidade e que, por conseqüência, *vincit omnia Veritas*.

Todas estas considerações nos fazem pensar na decepção que sentem alguns ao verem com que facilidade tradições milenares desmoronam a despeito da mentalidade contemplativa dos respectivos povos, mentalidade que se considerava apresentar certas garantias. Mas duas coisas são esquecidas: primeiramente, que não há apenas orientais contemplativos e ocidentais "ativistas", mas também, qualquer que seja o meio tradicional, homens "espirituais" e homens "mundanos"; em seguida, que em cada civilização somente uma minoria participa consciente e ativamente do espírito da tradição, os outros permanecem mais ou menos "não cultivados", isto é, prontos para receber quaisquer influências. Conhece-se a facilidade com a qual muitos hindus, malaios e chineses aceitaram uma forma tradicional tão estranha a eles como o Islã, o que prova certo desapego em relação às tradições autóctones; se se associa a este desapego, ou a esta passividade, segundo o caso, um espírito materialista e "mundano" – e Deus sabe se os orientais podem ser "materialistas de fato" –, não há nenhuma razão para surpreender-se pelo abandono das tradições e pela adesão a ideologias materialistas. A "mundanidade", no sentido mais geral do termo, isto é, o amor dos prazeres ou a cobiça do ganho, em suma, a superestimação das coisas deste mundo, sempre foi uma porta aberta ao erro; a capacidade intelectual está longe de constituir um critério e uma garantia absolutos. É importante acrescentar que a minoria espiritual, a que participa consciente e "ativamente" da tradição, encontra-se em todas as camadas da sociedade, o que equivale a dizer, inversamente, que há também "passivos", "inconscientes" e "mundanos" por toda parte.

Em uma ordem análoga de idéias, gostaríamos de observar o seguinte: quaisquer que sejam as deficiências do homem moderno, não se poderia afirmar, contudo, que ele não possua nenhuma espécie de superioridade ao menos virtual ou condicional sobre o homem "antigo", por mais relativa que seja, o que podemos precisar da seguinte maneira. Supondo-se que um ocidental de nosso tempo reconheça todos o erros que o cercam, e que ele possa voltar à Idade Média, ou viver em algum mundo integralmente tradicional, do qual ele adotaria as maneiras de pensar e agir, ele apesar de tudo jamais se tornaria um homem completamente medieval; seu espírito conservaria a marca de experiências desconhecidas da maioria dos homens não-modernos. Pensamos aqui especialmente em um senso crítico que só se desenvolve graças a obstáculos, o que um mundo tradicional ignora porque certos obstáculos nunca se manifestam nele; há funções da inteligência que não se desenvolvem senão na luta e na decepção. Nos mundos tradicionais, uma certa tendência ao exagero – com os ilogismos que ele traz consigo – e algumas posições preconcebidas fáceis demais são inevitáveis, e se explicam precisamente pelo caráter muito "compacto" das idéias e dos gostos; dito de outro modo, há domínios nos quais os homens antigos nunca sofreram, e há coisas que eles nunca viram ser postas em questão . O homem é feito de tal modo que ele não se actualiza* plenamente – na medida de suas possibilidades – senão forçado, sem o que ele seria perfeito; onde não há nenhum freio, há exagero e inconsciência. Se o que acabamos de dizer não se poderia aplicar aos vasos de eleição das antigas sabedorias, aplica-

* Ver nota na pág. 48. (N. dos T.)

se contudo à média, a qual forçosamente imprime sua marca na civilização por inteiro.

*

Mas voltemos, para terminar, à questão racial. As diferenças étnicas, se com freqüência dão motivos ilusórios para o ódio, em situações normais comportam razões para o amor: queremos dizer que as raças estrangeiras possuem algo de "complementar" em relação a nós, sem que haja contudo, em princípio, qualquer "carência" em ambas as partes. Seria certamente desprovido de sentido amar toda uma raça, ou amar a um indivíduo porque ele pertence a uma raça estrangeira; mas é evidente que não se poderia compreender determinada beleza racial sem compreender, e por conseqüência "amar", a raça que é sua substância – assim como não se poderia amar uma mulher sem amar a feminilidade – e isto é verdadeiro *a fortiori* no plano da alma: as qualidades que tornam amável determinado ser humano tornam da mesma forma amável o gênio de sua raça. Em última análise, não se pode amar senão a Si, porque não há outra coisa a amar no Universo; ora, o homem de uma outra raça, supondo que nos corresponda por analogia ou por complementarismo, é como um aspecto esquecido de nós mesmos e, assim, um espelho reencontrado de Deus.

Princípios e Critérios da Arte Universal

Queremos mais uma vez[1] chamar atenção para a importância fundamental da arte na vida coletiva e na contemplação, importância que resulta do fato de que o próprio homem é "feito à imagem de Deus"; só o homem é esta imagem de uma maneira direta, no sentido de que sua forma é perfeição "axial" e "ascendente" e seu conteúdo, totalidade. O homem é, por seu teomorfismo, obra de arte e artista ao mesmo tempo: obra de arte porque ele é "imagem", e artista porque esta imagem é a do Artista divino.[2] Só o homem – entre os seres terrestres – pode pensar, falar, produzir obras; só ele pode contemplar e realizar o Infinito. A arte humana comporta, como a Arte divina, aspectos de determinação e de indeterminação, de necessidade e de liberdade, de rigor e de alegria.

Essa polaridade cósmica permite-nos estabelecer uma primeira distinção na arte: o sagrado e o profano; na primeira arte, é o conteúdo e o uso da obra que têm primazia sobre todo o resto, enquanto que na segunda esses motivos não são mais que o

---

1. Ver o capítulo "La question des formes d'art", em nosso livro *De l'Unité transcendante des Religions*, e "Estetique et Symbolisme", em *Perspectives spirituelles et Faits humains*.

2. Deus é, segundo a linguagem maçônica, o "Grande Arquiteto do Universo", mas ele é também pintor, escultor, músico, poeta; segundo certo simbolismo hindu, Ele cria e destrói os mundos "dançando".

pretexto da alegria criadora. Se, no quadro de uma civilização tradicional, a arte sem dúvida não é nunca totalmente profana, ela pode sê-lo, no entanto, de maneira relativa, precisamente pelo fato de que seu motivo é menos o simbolismo que o instinto criador; essa arte será, portanto, profana pela ausência de um tema sagrado ou de um simbolismo espiritual, mas será tradicional pela disciplina formal que faz o estilo. Bem diferente é a situação da arte não tradicional: aqui, não poderia tratar-se de arte sacra, mas no máximo de arte profana religiosa; o motivo dessa arte é aliás "passional", no sentido de que uma sentimentalidade individualista e indisciplinada põe-se a serviço da crença religiosa. A arte profana, seja naturalista e "religiosa" como a arte cristã dos tempos modernos, ou seja ao mesmo tempo tradicional e mundana como as miniaturas medievais ou indo-persas, ou ainda as gravuras japonesas, pressupõe sempre um ponto de vista extra-sacerdotal, portanto uma "mundanidade" que é um fenômeno relativamente tardio nas civilizações teocráticas; nas épocas primordiais, a arte reduzia-se seja a objetos de uso ritual, seja a instrumentos de trabalho ou a objetos domésticos; mas, mesmo esses instrumentos e objetos, assim como as atividades que eles implicavam, eram eminentemente simbólicos e ligavam-se, assim, ao ritual e ao sagrado.[3]

E isto é muito importante: a arte sacra ignora em larga medida a intenção estética; a beleza deriva antes de tudo da verdade espiritual, portanto da exatidão do simbolismo e da utilidade para o culto e a contemplação, e só depois dos imponderáveis da intuição pessoal; de fato, esta alternativa não se poderia colocar. Num mundo que ignora a feiúra no plano das produções humanas – ou, dito de outro modo, o erro na forma –, a

3. Bastante significativa, por seu próprio caráter excessivo, é a reação de um chefe sioux que fôra introduzido num museu de pintura: "É então esta – exclamou – a estranha sabedoria do homem branco! Ele abate a floresta, que estava em pé durante séculos com altivez e grandeza, rasga o seio de nossa mãe terra e polui os cursos de água límpida; ele desfigura impiedosamente as pinturas e os monumentos de Deus e em seguida borra uma superfície com cores e chama isso de obra-prima!" (Charles Eastman, *The Indian Way*, Doubleday Page & Co., 1915). – otemos, a propósito, que a pintura dos peles-vermelhas é uma escrita, ou mais precisamente uma pictografia.

qualidade estética não poderia ser uma preocupação inicial; a beleza está em toda parte, a começar pela natureza e pelo próprio homem. Se a intuição estética – no sentido mais profundo – tem sua importância em certos modos de espiritualidade, ela só intervém, no entanto, de maneira secundária na gênese da obra sagrada, processo no qual a beleza, em primeiro lugar, não tem de ser um objetivo direto e, depois, é garantida pela integridade do símbolo e pela qualidade tradicional do trabalho.[4] Mas isto não deve fazer perder de vista que o sentido da beleza, e portanto a necessidade de beleza, é natural ao homem normal, e que é a condição mesma do desapego do artista tradicional diante da qualidade estética da obra sagrada; em outros termos, a preocupação maior com essa qualidade seria aqui como um pleonasmo. A ausência da necessidade de beleza é uma imperfeição que não deixa de ter relação com a feiúra inevitável da era maquinista, e que se generalizou com o industrialismo; e como é impossível escapar a este, faz-se da dita imperfeição uma virtude e calunia-se a beleza e a necessidade de beleza, conforme o provérbio: "Quem quer afogar seu cão acusa-o de ter raiva". Aqueles que têm interesse no assassinato público da beleza buscam desacreditá-la por meio de palavras tais como "pitoresco" ou "romântico" – exatamente como se asfixia a religião chamando-a de "fanatismo" – e fazer passar por "real" a feiúra e a trivialidade; é reduzir a beleza a um luxo de pintores e poetas. O culto do acaso – do acaso feio e trivial – trai a mesma intenção: o "mundo como ele é" é a feiúra e a trivialidade colhidas no caos das coincidências.[5] Há um "angelismo hipócrita" que

4. Os estetas puros e simples, cujo ponto de vista é necessariamente profano, traem sua insuficiência pela atmosfera de ininteligência que exalam sua arte e sua escolha, e também pelo fato de que eles têm sempre, em certos planos, gostos por demais grosseiros. Para a maior parte dos classicistas, os ícones eram "feios"; suas próprias obras talvez não o sejam, mas certamente carecem de verdade e de inteligência na maior parte dos casos.

5. Na França, por exemplo, as inscrições publicitárias espalham-se, como uma gangrena imunda e insolente que devora o país, não apenas nas cidades, mas também nas menores vilas e mesmo em ruínas isoladas, o que equivale à destruição – ou a uma certa destruição – de um país e de uma pátria; não do ponto de vista "pitoresco", que aqui não nos interessa em nenhum grau, mas com relação à alma de um povo. Essa trivialidade desesperadora é como a assinatura da máquina, que quer nossas almas, e que assim se desvela como "fruto do pecado".

finge contornar esse problema fazendo apelo ao "puro espírito", e que é tanto mais desagradável quando se alia a um "sincerismo" de homem "engajado" ou "autêntico"; com esta maneira de ver, não se deixará de considerar "espirituais" - pois que "sinceras" - as coisas que estão nos antípodas de toda espiritualidade. A abolição - "sincera" ou não - da beleza é o fim da inteligibilidade do mundo.

Mas voltemos à questão da arte sacra: se esta exprime o espiritual de uma maneira seja direta, seja indireta, a arte profana também deverá, por sua vez, exprimir um valor, sob pena de não ter nenhuma legitimidade; esse valor é, fora do que todo estilo tradicional veicula, em primeiro lugar a qualidade cósmica do conteúdo e depois a virtude e a inteligência do artista. É portanto o valor subjetivo do homem que predomina aqui, mas esse valor - e isto é essencial - é determinado pelo sagrado, pelo fato da integração do artista na civilização da qual ele necessariamente exprime o gênio; em outros termos, ele se faz porta-voz, não apenas de valores pessoais, mas também de valores coletivos, tanto uns como outros sendo determinados pela tradição. O gênio é ao mesmo tempo tradicional e coletivo, espiritual e racial, e depois pessoal; o gênio pessoal não é nada sem o concurso de um gênio mais vasto ou mais profundo. A arte sacra representa antes de tudo o espírito, e a arte profana o gênio coletivo, a alma, com a condição, está claro, de se integrar na tradição; o conjunto dos gênios espiritual e coletivo faz o gênio tradicional, aquele que imprime sua marca na civilização inteira.[6]

*

6. Há, na arte tradicional, criações - ou antes espécies de revelações - que podem parecer pouca coisa do ponto de vista do preconceito da "obra-prima" individual, e também do ponto de vista das categorias "clássicas" da arte, mas que nem por isso deixam de estar entre as obras insubstituíveis do gênio humano: são assim as decorações nórdicas, tão ricas em símbolos primordiais, e cujos motivos são reencontrados na arte rústica da maior parte dos países da Europa e mesmo nas profundezas do Saara; são assim também as cruzes de processão da Abissínia, os toriis xintoístas, os majestosos adornos de penas de águia dos índios, e os saris hindus, que combinam o esplendor com a graça.

Antes de ir mais longe, seria preciso talvez definir o "sagrado", ainda que ele pertença a essa categoria de coisas cuja clareza é ofuscante; mas é precisamente por causa dessa clareza que tais realidades tornam-se ininteligíveis para muitos, como é o caso, por exemplo, com o "ser" e a "verdade". Assim, que é o sagrado em relação ao mundo? É a interferência do incriado no criado, do eterno no tempo, do infinito no espaço, do informal na forma; é a introdução misteriosa, num domínio da existência, de uma presença que na realidade contém e supera esse domínio e poderia fazê-lo romper-se por uma espécie de explosão divina. O sagrado é o incomensurável, o transcendente, oculto numa forma frágil deste mundo; ele tem suas regras precisas, seus aspectos terríveis, e suas virtudes de misericórdia; por isto, a violação do sagrado, nem que seja na arte, tem repercussões incalculáveis. O sagrado é intrinsecamente inviolável, de modo que a violação recai sobre o homem.

O valor sobrenatural da arte sacra pode ser visto no fato de que ela veicula e impõe uma inteligência que a coletividade não tem; como a natureza virgem, a arte sacra tem uma qualidade e uma função de inteligência que ela manifesta pela beleza, porque ela é essencialmente de ordem formal; a arte sacra é a forma do Informal, a imagem do Incriado, a palavra do Silêncio. Mas, desde o momento em que a iniciativa artística separa-se da tradição, que a liga ao sagrado, a garantia de inteligência desaparece e a tolice tudo invade; e o estetismo é a última coisa que poderia nos preservar disso.

Uma arte é sagrada, não pela intenção pessoal do artista, mas pelo conteúdo, pelo simbolismo e pelo estilo, portanto por elementos objetivos. Pelo conteúdo: o tema representado deve ser este ou aquele e não outro, seja do ponto de vista do modelo canônico, seja em sentido mais amplo, mas sempre canonicamente determinado; pelo simbolismo: o personagem santo – ou o simbolismo antropomorfo – deve ser vestido ou ornado de um certo modo, não de outro, e pode fazer determinados gestos, não outros; pelo estilo: a imagem deve-se exprimir mediante uma determinada linguagem formal hierática, não num estilo estrangeiro ou fantasista. Em resumo, a imagem deve ser santa por seu conteúdo, simbólica pelos detalhes, hierática por seu tratamento, sem o que ela carece de verdade espiritual, de qualidade litúrgica e, com mais forte razão, de caráter sacramental; a arte não tem nenhum direito, sob pena de eliminar sua razão de ser, de infringir essas regras, e ela tem tanto menos interesse de fazê-lo quanto essas aparentes restrições, por sua verdade intelectual e estética, conferem-lhe qualidades de profundidade e de potência que o indivíduo tem muito poucas chances de poder tirar de si.

Os direitos da arte, ou mais precisamente do artista, residem nas qualidades técnica, espiritual e intelectual; essas três qualidades são uma série de modos de originalidade. Em outros termos, o artista pode ser original pela qualidade estética de seu trabalho, depois pela nobreza ou pela piedade que nele se refletem, e também pela inteligência ou pelo conhecimento que lhe permitem variações inesgotáveis no quadro do disposto pela tradição. Esse quadro – toda arte sacra o prova – é relativamente bastante amplo: ele comprime a incapacidade, mas não o talento nem a inteligência. O gênio verdadeiro pode desenvolver sem inovar: ele atinge a perfeição, a profundidade e a força de expressão de uma maneira quase imperceptível, por meio dos imponderáveis de verdade e de beleza que amadurecem na humildade, sem a qual não há verdadeira grandeza. Do ponto de vista da arte sacra ou simplesmente tradicional, não há interesse em saber se uma obra é "original" ou "copiada": numa série de cópias de um modelo canônico, uma determinada cópia – talvez menos "original" que outra – é uma obra genial, por um concurso de condições preciosas que não têm nenhuma relação com uma afetação de originalidade ou qualquer outra crispação do *ego*.

A arte sacra – à parte sua função de meio espiritual direto – é o suporte indispensável da inteligência coletiva; abolir essa arte, como fez o Renascimento, e na antigüidade o século V a.C., é abolir esta inteligência – ou, digamos, esta "intelectualidade" – e dar livre curso a uma sensibilidade passional e doravante incontrolável.[7] É preciso não esquecer, por outro lado, a função

---

7. É por certo de "inteligência coletiva" que se trata, e não de inteligência pura e simples; a decadência grega não afetou o espírito de um Platão. Comprometer a inteligência coletiva é evidentemente tornar cada vez mais precário o surgimento de inteligências particulares. O que a decadência grega tinha destruído, o Cristianismo recriou por um milênio.

teológica da arte religiosa: a arte deve ensinar as verdades reveladas por seus aspectos determinados, a saber, seus tipos ou seus modelos, e sugerir os perfumes espirituais por seus aspectos sutis, que, por sua vez, dependem da intuição do artista; ora, a arte religiosa naturalista torna inverossímil a verdade e odiosa a virtude, pela simples razão de que a verdade se vê sufocada pelo ruído de uma descrição necessariamente falsa, e a virtude afoga-se numa hipocrisia difícil de evitar; o naturalismo obriga o artista a representar, como se ele tivesse visto, o que ele não pôde ver, e a manifestar uma virtude sublime como se ele a possuísse.

Esta função de ensino incumbe também, ainda que de maneira muito menos direta, à arte profana, que se liga à tradição pelo estilo e pela mentalidade do artista; podemos discernir nas miniaturas da Idade Média uma expressão sem dúvida indireta, mas não obstante inteligível, do espírito cristão. Contudo, a oportunidade da arte profana é psicológica mais que espiritual, de modo que ela guarda sempre um aspecto de "faca de dois gumes" ou de "mal menor"; assim, não há que se surpreender com as condenações severas que atingiram a arte profana em épocas ainda marcadas com um espírito sacerdotal. Aqui como em outros domínios, as funções das coisas podem variar segundo as circunstâncias.

*

A Escritura, a anagogia e a arte derivam, em graus muito diversos, da Revelação. A Escritura é a expressão direta da Palavra celeste, e a anagogia é-lhe o comentário inspirado e indispensável;[8] a arte, por sua vez, é como o extremo limite ou a casca material da tradição e reencontra assim, em virtude da lei dos "extremos que se tocam", o que a tradição tem de mais interior; também ela é, portanto, inseparável da inspiração. A anagogia veicula a inteligência metafísica e mística – à parte a

8. Trata-se de comentários essenciais, de uma inspiração que, apesar de secundária, acompanha necessariamente a Revelação; outros comentários, sejam metafísicos, místicos ou legais, podem não ser indispensáveis.

interpretação puramente legal –, enquanto que a arte é o suporte da inteligência coletiva; ela é contingente à medida que a coletividade como tal o é. Em outros termos, a Revelação escriturária acompanha-se de duas correntes secundárias, das quais uma é interior, e indispensável ao contemplativo, enquanto a outra é exterior, e indispensável para o povo; para o sábio, não há medida comum entre o comentário da Escritura e a arte – ele pode mesmo passar sem esta última, com a condição de substituí-la por um vazio, ou pela natureza virgem, e não por uma falsa arte –, mas, para a tradição inteira, a arte assume uma importância quase tão considerável quanto a exegese, pois a tradição não pode manifestar-se fora das formas; ou ainda, se a elite tem muito mais necessidade da exegese do que da arte, o povo, por outro lado, tem muito mais necessidade da arte do que das doutrinas metafísicas e místicas; ora, a elite depende "fisicamente" da coletividade total, ela tem, portanto, indiretamente necessidade da arte.

No entanto, o comentário, no sentido mais amplo, comporta um aspecto de exterioridade, pois trata também de questões exotéricas; inversamente, a arte tem um aspecto de interioridade e de profundidade em virtude de seu simbolismo, e ela muda então de função e dirige-se diretamente ao contemplativo: ela se torna, assim, um suporte de intelecção graças a sua linguagem extra-mental, concreta e direta. Ao lado do comentário metafísico e místico da Escritura, há um comentário legal e moral que se dirige à comunidade inteira, como há, ao lado da função formal e coletiva da arte, uma função estritamente espiritual e esotérica; desse ponto de vista, a arte aparece como mais interior e mais profunda que todas as demonstrações verbais, e isto explica a função central que pode assumir uma imagem sagrada, a do Buda, por exemplo. Há uma correspondência bastante significativa entre a perda da arte sacra e a da anagogia, como o mostra o Renascimento: o naturalismo não podia matar o simbolismo – a arte sacra – sem que o humanismo matasse a anagogia, e a gnose com ela; isso é assim porque os dois elementos, a ciência anagógica como a arte simbólica, estão, essencialmente, em relação com a intelectualidade pura.

*

A arte cristã baseia-se, do ponto de vista doutrinal, no mistério do Filho "Imagem" do Pai, ou do Deus "tornado homem" (imagem) a fim de que o homem (feito à imagem de Deus) "se torne Deus". Nessa arte, o elemento central é a pintura: ela remonta, diz a tradição, à imagem do Cristo miraculosamente impressa numa veste enviada ao rei Abgar, e também ao retrato da Virgem pintado por São Lucas, ou pelos Anjos; outro arquétipo dos ícones da Santa Face é, por sua própria natureza, o Santo Sudário, protótipo dos retratos sagrados, depois o crucifixo. "A pintura dos ícones – declara o oitavo concílio ecumênico – não foi de nenhum modo inventada pelos pintores, mas é, ao contrário, uma instituição confirmada e uma tradição da Igreja."[9] Mas o uso geral dos ícones não se impôs sem dificuldade: se os primeiros cristãos tinham alguma dificuldade em admiti-los, era em razão da herança judaica; os escrúpulos eram da mesma ordem dos que experimentavam os cristãos de origem judaica para abandonar as prescrições alimentares do Mosaísmo. Está na natureza de alguns valores tradicionais não se actualizar*

9. O patriarca Nikon, no séc. XVI, mandou destruir os ícones influenciados pelo Renascimento e ameaçou excomungar os pintores e proprietários de tais imagens. Depois dele, o patricarca Joaquim exigiu, em seu testamento, que os ícones fossem sempre pintados de acordo com os modelos antigos, e não "segundo os modelos latinos ou alemães, que são inventados segundo o arbítrio pessoal dos artistas e corrompem a tradição da Igreja". Poder-se-ia citar um grande número de textos desse gênero. Na India, a tradição fala do pintor Chitrakâra, que foi amaldiçoado por um brâhmane por ter violado as regras na composição de uma pintura que lhe tinha sido encomendada. Se a imagem pintada é uma expressão necessária da espiritualidade cristã, a imagem esculpida atende a uma necessidade secundária e mais ou menos "local": a catedral coberta de esculturas é certamente uma expressão profunda e poderosa do Cristianismo, mas determinada essencialmente pela fusão dos gênios germânico e latino. A fachada gótica quer ser uma predicação tão concreta quanto possível; ela pode comportar elementos esotéricos – e os comporta mesmo, necessariamente, em razão de seu simbolismo –, mas não tem o caráter quase sacramental da iconostase, caráter de resto desconhecido por Carlos Magno, para quem o papel das imagens era apenas didático, conformemente a um "racionalismo" tipicamente ocidental. Uma das glórias da catedral do ocidente é o vitral, que é como uma abertura para o céu; a rosácea é um símbolo faiscante do universo metafísico, das reverberações cósmicas do "Si".

* Ver nota na pág. 48. (N. dos T.)

plenamente senão em função de determinada situação humana; a doutrina de São João Damasceno foi providencial no domínio da arte sacra, pois ela formulava verdades que teria sido impossível enunciar desde a origem. A arte sacra possui também domínios mais ou menos secundários, não por definição, mas do ponto de vista de determinada perspectiva tradicional – por exemplo, no Cristianismo, a arquitetura e a esmaltaria – e são então elementos de arte pré-exi tentes que fornecem a matéria-prima – simbolicamente "caótica" – à nova arte: assim, o gênio espiritual do Cristianismo podia servir-se, para suas expressões artísticas, de elementos greco-romanos, orientais e nórdicos; esses elementos foram refundidos em um modo de expressão poderosamente original, como foi aliás o caso, *mutatis mutandis*, nas civilizações islâmica e budi ta.

Bastante próxima da concepção cristã da arte é a do Budismo, pelo menos em certo aspecto: como a arte cristã, a arte budista está centrada na imagem do Super-homem portador da Revelação, distinguindo-se, contudo, da perspectiva cristã por seu não-teísmo que remete tudo ao impessoal; se o homem situa-se logicamente no centro do cosmos, é "por acidente", e não por necessidade teológica como ocorre no Cristianismo; os personagens são "idéias" mais do que indivíduos. A arte budista evolui em torno da imagem sacramental do Buda, representada, segundo a tradição, quando o Bem-Aventurado era ainda vivo, e aliás sob formas diversas, esculturais e pictóricas; contrariamente ao que acontece na arte cristã, a estátua tem primazia sobre a pintura, mas esta nem por isso deixa de ser estritamente canônica; ela não é "facultativa" como a estátua cristã. Pode-se mencionar também, no que diz respeito à arquitetura, o relicário (*stûpa*) de Piprâva, edificado imediatamente após a morte de Shâkya-Muni; além disso, elementos das artes hindu e chinesa foram trasmutados em uma arte nova, que apresenta diferentes variantes, no quadro do *Theravâda* tanto como no do *Mahâyâna*. Do ponto de vista doutrinal, o fundamento da arte é aqui a idéia da virtude salvadora que emana da beleza sobre-humana dos Budas; as imagens do Bem-Aventurado, dos outros Budas e dos Bodhisatvas são-lhe cristalizações sacramentais; os objetos de culto são igualmente suas manifestações, "abstratas" por suas formas, mas "concretas" por sua natureza. Este princípio fornece um argumento capital contra a arte religiosa profana, tal como a pratica o Ocidente, a saber, que a beleza celeste do Homem-Deus estende-se a toda a arte tradicional, qualquer que seja o estilo particular que determinada coletividade exija; negar a arte tradicional – e pensamos agora no Cristianismo – é negar a beleza salvadora do Verbo feito carne, e é ignorar que há, na verdadeira arte cristã, algo do Cristo e da Virgem. A arte profana substitui a alma do Homem-Deus, ou do homem deificado, pela do artista e de seu modelo humano.

o que diz respeito à arte figurativa hindu, pode-se dizer que ela deriva das posições e dos gestos do yoga e da dança mitológica: a dança, arte divina de *Shiva-Natarâja* (o "Senhor da Dança"), foi revelada ao sábio Bharatamuni pelo próprio *Shiva* e por sua esposa *Pârvatî*, e foi codificada pelo sábio no *Bharata-Nâtya-Shâstra*; a música, que é intimamente ligada à dança, baseia-se no *Sâma-Veda*: o ritmo deriva das métricas sânscritas. A dança fornece a nota determinante de toda arte hindu: as imagens sagradas traduzem esta mitologia – ou metafísica – figurativa na linguagem da matéria inerte.[10] Acrescentemos que esta arte não é nem moral, nem imoral, pois o hindu vê nas coisas sexuais

[10] "Sem o conhecimento da ciência da dança, dificilmente se compreenderá as regras da pintura." (*Vishnu-Dharma-Uttara*). "Só devem ser julgadas belas as esculturas ou pinturas conformes às prescrições canônicas, e não aquelas que deleitam o gosto ou a fantasia pessoal." (Shukrâchârya). "A forma particular conveniente a cada imagem encontra-se descrita nos *Shilpa-Shâstras*, textos canônicos que acompanham os artistas.. Estes textos fornecem os dados necessários à representação mental que servirá de modelo ao escultor. Segundo sua visão, diz Shukrâchârya, ele estabelecerá nos templos a imagem das divindades que venera. É assim, e não de outra maneira, e, na verdade, não pela observação direta, que ele poderá alcançar seu objetivo. A parte essencial da arte, a 'visualização' (poder-se-ia dizer o mesmo para a audição extática do músico) é portanto uma sorte de yoga; considera-se às vezes o artista como um yogî. Freqüentemente ele realiza, antes de empreender sua obra, certos ritos especiais destinados a abafar o trabalho da vontade consciente e a colocar em liberdade as faculdades subjetivas. este caso, a verdade não é dada pela observação visual, mas pela 'consciência muscular' dos movimentos que o artista compreendeu e realizou em seus próprios membros. Os Shâstras fornecem também os cânones de proporção... As proporções variam segundo a divindade a representar. A arquitetura também possui os seus cânones que regulamentam até os menores detalhes." (Ananda K. Coomaraswamy: *Para compreender a arte hindu*)

a essencialidade cósmica ou divina e não a acidentalidade física.[11] A arquitetura também tem seu fundamento nas Escrituras, que descrevem sua origem celeste; sua conexão profunda com a dança resulta da forma do sacrifício védico.[12] Toda a arquitetura hindu é essencialmente uma coordenação do quadrado e do círculo, segundo o altar védico do fogo, *Agni*; o que quer dizer que a arquitetura deriva do altar primordial.[13]

Se o templo hindu tem algo de vegetativo, portanto de vivo, por causa desta sorte de sensualidade espiritualizada que caracteriza a alma hindu – sensualidade que toca por toda a parte a ascese e a morte e desemboca no Infinito –, os templos gregos e egípcios marcam, cada um à sua maneira, um ponto de vista oposto. O templo grego deriva de uma perspectiva sapiencial, mas de uma clareza sem dúvida já muito racional; ele indica a medida e o finito lógico. O emprego do mármore e a escolha de temas profanos vão de par com a decadência da estatuária grega , que na origem utilizava a madeira e o metal e não representava senão os Deuses. Quanto ao templo egípcio, ele situa-se não "no espaço" , como o templo grego, mas "na eternidade": ele sugere o mistério do imutável e dá a impressão de ser da mesma ordem que a abóbada estelar.

Na arte chinesa – fazendo-se abstração das influências hindus na arte budista – tudo parece derivar por um lado da escrita,

11. O ocidental médio reprova com facilidade ao hindu o que ele acredita ser "impureza"; para o hindu autêntico, é precisamente esta censura que revela uma atitude "impura".

12. "Dificilmente seria necessário apontar que o sacrifício védico, constantemente descrito como uma imitação do "que aconteceu no princípio", é em todas as suas formas e na plena acepção dos termos uma obra de arte e ao mesmo tempo uma síntese das artes litúrgicas e arquitetônicas, assim como o mesmo pode ser dito da missa cristã (que é igualmente um sacrifício mimético) onde os elementos dramáticos e arquitetônicos estão inseparavelmente ligados." (Ananda K. Coomaraswamy: *A natureza do "folclore"e da "arte popular"*, in *Études Traditionnelles*, junho de 1937).

13. A cosmologia hindu relativa aos pontos cardeais e à arquitetura coincide de uma maneira notável com a cosmologia dos índios da América do Norte – talvez também com a dos siberianos —, de modo que é fácil ver aí uma mesma herança da tradição hiperbórea. O círculo encontra-se na forma do campo indígena que cerca o fogo central – e também na forma da tenda ou da cabana –, ao passo que o quadrado actualiza-se no rito do Cachimbo Sagrado.

que possui um caráter sagrado, e por outro lado da natureza, que é igualmente sagrada e que é observada amorosamente enquanto revelação permanente dos Princípios universais; algumas matérias e técnicas – bronze, papel, nanquim, laca, seda, bambu, porcelana – contribuem para a originalidade desta arte e determinam seus diversos modos. A conexão entre a caligrafia e a pintura é íntima e decisiva, e aliás ela existe também na arte egípcia: a escrita é uma pintura – os amarelos traçam os caracteres com um pincel – e a pintura tem algo de escrita; o olho e a mão guardam os mesmos reflexos. Da pintura confucionista, podemos dizer que não é nem essencialmente sacra, nem completamente profana; sua intenção é moralizadora, num sentido bastante amplo; ela tende a representar a inocência "objetiva" das coisas, não sua realidade "interior". A paisagem taoísta, por sua vez, exterioriza uma metafísica e um estado contemplativo: ela surge, não do espaço, mas do "vazio"; seu tema é essencialmente "a montanha" e "a água", que ela combina com intenções cosmológicas e metafísicas. Trata-se de uma das formas mais poderosamente originais da arte sagrada; em certo sentido, ela situa-se nos antípodas da arte hindu, cujo princípio de expressão é a precisão e o ritmo, e não a sutileza etérea de uma contemplação feita de imponderáveis. Não surpreende que o Budismo *Chan* (o Zen japonês), com seu caráter simultaneamente inarticulado e matizado, tenha encontrado na arte taoísta um meio de expressão congenial.[14]

No que diz respeito à arquitetura, os grandes edifícios dos amarelos apresentam as mesmas curvas sobrepostas que têm os pinheiros que os cercam; a forma larga, irregular e de certa maneira vegetativa do telhado extremo-oriental – tudo repousando em geral sobre colunas de madeira – mesmo se não tem por protótipos as coníferas sagradas, retraça contudo sua vida simultaneamente dinâmica e majestosa. Quando o amarelo entra

14. Falando da arte chinesa, abrangemos igualmente a arte japonesa, que é um ramo seu bastante original, e cujo gênio próprio é feito de sobriedade, de ousadia, elegância e intuição contemplativa. A casa japonesa combina a nobreza natural dos materiais e a simplicidade das formas com um extremo refinamento artístico, o que faz dela uma das manifestações mais originais de toda a arte.

num templo ou num palácio, entra numa "floresta", mais do que numa "caverna"[15]; sua arquitetura tem algo de vivo, de vegetal e de quente, e até mesmo a intenção mágica das pontas torcidas – que dão ao telhado protetor algo de defensivo – leva-nos à relação entre a árvore e o relâmpago, portanto à natureza virgem.[16]

Mas não queremos deixar de citar as artes não-figurativas ou abstratas: a arte judaica e a arte mulçumana. A arte judaica é revelada na própria Torá; ela é exclusivamente sacerdotal. A arte mulçumana lhe é vizinha pelo fato de excluir as figurações humanas e animais; quanto à sua origem, emanou da forma sensível do Livro revelado, isto é, das letras entrelaçadas dos versículos corânicos, e indiretamente – o que pode parecer paradoxal – da interdição das imagens; esta restrição, eliminando determinadas possibilidades criativas, intensificou outras, e isto com tanto mais razão quanto se acompanhou da permissão expressa de representar plantas: donde a importância capital dos arabescos, das decorações geométricas e vegetais.[17] A arquitetura, herdeira das civilizações vizinhas, foi transmutada pelo gênio

15. A catedral gótica é uma floresta petrificada que por um lado acolhe, mas que por outro permanece fria; ela acrescenta à idéia de proteção a de eternidade, e mescla assim uma frieza celeste à misericórdia. Seus vitrais são como o céu que se entrevê através das folhagens de uma floresta de pedra.

16. Há uma teoria segundo a qual o telhado chinês representaria um barco invertido: segundo um mito malaio-chinês, o Sol viria do leste sobre um barco, e este naufragaria no oeste e cobriria, revirando-se, o astro solar, provocando assim a noite; haveria uma relação não apenas entre o barco virado e a escuridão noturna, mas também, por conseqüência, entre o telhado e o sono que ele abriga. Uma outra fonte da arquitetura extremo-oriental – no que diz respeito às colunas de madeira –, seria a casa lacustre dos sino-malaios primitivos (Cf. E. Fuhrmann: *China*, Hagen, 1921).

17. As miniaturas persas integram as coisas em uma superfície sem perspectiva, portanto quase ilimitada à maneira de um tecido, o que as torna compatíveis – pelo menos a título "mundano"– com a perspectiva do Islã. De uma maneira geral, os muçulmanos desconfiam de toda "materialização" de temas religiosos, como se temessem que as realidades espirituais se esgotassem por um excesso de cristalização sensível. De fato, a imageria religiosa esculpida e "dramática" da Igreja latina mostrou-se uma "faca de dois gumes"; teria sido necessário, em vez de "sensibilizá-la" e de "popularizá-la", mantê-la na abstração hierática da estatuária romana. A arte não tem apenas a obrigação de "descer"ao nível do povo, ela deve também permanecer fiel à sua verdade primeira, a fim de permitir aos homens "subir" até esta.

simultaneamente simplificador e ornamental do Islã; a expressão mais pura deste gênio talvez seja a arte magrebina, a qual nenhum formalismo pré-existente convidava a concessões. O amor à beleza compensa, no Islã, a tendência à simplicidade austera; dá a esta última formas elegantes e a reveste parcialmente de uma profusão de entrelaçados preciosos e abstratos. "Deus é belo – disse o Profeta – e Ele ama a beleza."[1]

Tudo o que acabamos de expor não implica que não se possam produzir desvios parciais na arte tradicional: assim, às vezes acontece, nas artes plásticas sobretudo, que um talento mais ou menos superficial sufoque a clareza do simbolismo e a realidade interior da obra; a mundanidade pode introduzir erros e faltas de gosto mesmo em uma arte sagrada, ainda que a qualidade hierática desta arte reduza tais desvios ao mínimo.

*

Mas retornemos, após considerações um tanto sumárias, aos aspectos puramente técnicos da arte: é importante distinguir uma estilização deliberada de uma simples falta de habilidade, a qual trair-se-á pela opacidade que introduz no estilo, ou por uma impressão de ininteligência, complicação e arbitrariedade; dito de outro modo, é importante saber distinguir entre "ingenuidades" que transmitem sugestões positivas e que, por conseqüência, são preciosas, e faltas devidas à incompetência ou rusticidade do artesão. Um aparente defeito no desenho pode ser em razão de uma intuição de harmonia, ela pode contribuir para uma beleza de expressão, de composição, de equilíbrio; a exatidão do desenho pode ser subordinada a outras qualidades mais importantes, na medida mesma em que o conteúdo é espiritual. Além disso, se a arte tradicional não pode alcançar um ápice por toda a parte e

18. Compreende- e que o encanto sorridente da arquitetura islâmica tenha podido parecer como uma mundanidade "pagã" aos cristãos; a perspectiva volitiva, com efeito, não encara "este mundo" e o "mundo vindouro" senão sob o aspecto dos planos de existência, que separam e opõem, e não sob o aspecto das essências universais, que unem e identificam. a arte da Renascença, a virtude torna-se esmagadora, lúgrube, maçante: o palácio de Carlos V quer ser grave e austero ao lado da Alhambra, mas não chega senão a uma pesadez e opacidade que banem toda inteligência superior, toda contemplação, toda serenidade.

sempre, isto se deve não a uma insuficiência de princípio, mas a insuficiências humanas – intelectuais e morais – que não podem não se exteriorizar na arte.

A concordância da imagem com a natureza não é legítima senão quando não invalida a separação entre a obra de arte e seu modelo exterior, sem o que a obra perde sua razão suficiente, pois ela não há de repetir pura e simplesmente o que já existe; a exatidão das proporções não deve violar nem a matéria – superfície plana para a pintura, matérias inertes para a escultura –, nem comprometer a expressão espiritual; se esta exatidão concorda com os dados materiais de cada arte, satisfazendo ao mesmo tempo a intenção espiritual da obra, ela acrescentará ao simbolismo desta uma expressão de inteligência, portanto de verdade. A arte autêntica e normativa sempre tenderá a combinar observações inteligentes da natureza com estilizações nobres e profundas, a fim de primeiramente aproximar a obra do modelo criado por Deus na natureza, e em seguida separá-la da contingência física dando-lhe uma marca de puro espírito, de síntese, de essência. Pode-se definitivamente dizer que um naturalismo é legítimo à medida que a exatidão física alia-se a uma visão da "idéia platônica", do arquétipo qualitativo; daí a predominância, em tais obras, do estático, da simetria, do "essencial".[19] Mas é preciso levar em conta também o seguinte: se partimos da idéia de que a "forma" opõe-se necessariamente, sob certo aspecto, à "essência", esta sendo a interioridade universal e aquela a exterioridade "acidental", podemos explicar algumas deformações que a arte sacra pratica como sendo uma redução à essência, ou uma "queima pela essência", se se quiser. A essência aparece então como um "fogo interior" que desfigura, ou como um "abismo" que rompe as proporções, de sorte que "o informal" sagrado – que é não caótico, mas espiritual – é como uma irrupção da essência na forma.

19. A arte egípcia é particularmente instrutiva a este respeito; encontramos outros exemplos desta coincidência entre "a natureza" e "o essencial" na arte do Extremo Oriente, e também nas admiráveis cabeças de bronze e de barro cozido encontradas entre os Yorubás de Ifé, na África ocidental, que estão entre as obras mais perfeitas que existem.

Por outro lado, é importante não perder de vista que o espírito humano é incapaz de se desdobrar simultaneamente em todos os sentidos: como o simbolismo tradicional não implica por definição uma observação excessiva das formas físicas, não há nenhuma razão para que uma arte sacerdotal tenda para esta observação; ela se contentará com o que o gênio natural da raça exige, e isto explica esta mescla de simbolismo "deformante" e de observação refinada que caracteriza a arte sacra em geral. Às vezes, o aspecto qualitativo viola a realidade quantitativa: a arte hindu assinala a feminilidade pelos seios e pelos quadris e lhes atribui a importância de ideogramas; ela transforma em símbolos caracteres que de outro modo seriam aceitos como fatos simplesmente naturais, o que tem relação com a "essência deformante" de que falamos. No que diz respeito à simples falta de observação física, que como tal é independente de toda intenção simbolista, acrescentaremos que, no caso em que é condicionada pelas exigências de determinada alma coletiva, ela é parte integrante de um estilo, portanto de uma linguagem em si inteligente e nobre; há aí algo de completamente diferente da imperícia técnica de um artista isolado. O naturalismo total, que reproduz o acaso das aparências, portanto sua acidentalidade, é propriamente um abuso da inteligência, um "luciferismo" se se quiser;[20] por conseqüência, não poderia caracterizar uma arte tradicional. De resto, se a diferença entre um desenho naturalista e um desenho estilizado e inábil – ou entre uma pintura plana e decorativa e uma outra com sombras e perspectiva – se devesse a um progresso puro e simples, este progresso seria enorme, e inexplicável em razão desta enormidade mesma; de fato, supondo-se que os gregos – e mais tarde os cristãos – tivessem sido incapazes, durante muitos séculos, de observar e de desenhar, como explicar que estes mesmos homens tenham se tornado capazes disso num lapso de tempo relativamente muito curto?

20. Este abuso da inteligência caracteriza amplamente a civilização moderna. Muitas coisas que são tomadas por superioridades – e que o são quando isoladas artificialmente – reduzem-se na realidade a hipertrofias; o naturalismo artístico não é outra coisa, pelo menos quando se coloca como um fim em si e, por este fato, não exprime mais do que o limite formal e o acaso.

Esta facilidade no incomensurável prova que não há aí progresso real, mas que o naturalismo, ao contrário, não se deve senão a uma perspectiva mais exteriorizada, e combinada com os esforços de observação e de habilidade que esta nova maneira de ver exige.

Todo o "milagre grego" se reduz em suma à substituição da inteligência como tal por nada mais que a razão: o naturalismo artístico seria inconcebível sem o racionalismo que o inaugurou. O naturalismo integral resulta do culto da "forma" encarada não enquanto símbolo, mas enquanto "finito"; a razão rege, com efeito, a ciência do finito, do limite, da ordem, e não é senão lógico que a arte da razão compartilhe com esta uma mediocridade refratária a todo mistério; a arte antiga foi comparada à claridade do dia, mas esqueceu-se que ela também possui a "exterioridade" do dia, a ausência de segredo e de qualidade de infinito. Do ponto de vista deste ideal racionalista, a arte das catedrais - e também a arte asiática, à medida que era conhecida - apareceu como caótica, "desordenada", irracional, inumana.

Ora, se partimos da idéia de que a arte perfeita é reconhecida sobretudo por três critérios, a saber, a nobreza do conteúdo - condição espiritual sem a qual a arte não tem nenhum direito à existência -, depois a exatidão do simbolismo, ou ao menos a harmonia da composição quando se trata de uma obra profana,[21] e enfim a pureza do estilo ou a elegância das linhas e das cores, nós podemos discernir com a ajuda destes critérios as qualidades e os defeitos de toda obra de arte, quer ela seja sacra ou não. Desnecessário dizer que uma obra moderna pode bem possuir , como por acidente, tais qualidades, mas não seria menos errôneo ver aí uma justificação para uma arte desprovida de princípios positivos; as qualidades excepcionais de tal obra estão em todo o caso longe de caracterizar a arte de que se trata, elas aparecem apenas acessoriamente e graças ao ecletismo que permite a anarquia. A existência de tais obras prova, contudo, que uma arte profana legítima é concebível no Ocidente, sem que seja preciso voltar pura e simplesmente às miniaturas da Idade Média

21. Esta condição exige igualmente a justa medida do ponto de vista do tamanho; uma obra profana não deve jamais exceder certas dimensões; as das miniaturas são das mais modestas.

ou à pintura camponesa,[22] pois a saúde da alma e o tratamento normal dos materiais garantem sempre a retitude de uma arte sem pretensões; é a natureza das coisas – no plano espiritual e psicológico por um lado e no plano material e técnico por outro – que exige que cada um dos elementos constitutivos da arte preencha certas condições elementares, aquelas precisamente que encontramos em toda arte tradicional.

É importante notar aqui que um dos grandes erros da arte moderna é a confusão das matérias-primas da arte: não se sabe mais distinguir os significados cósmicos da pedra, do ferro e da madeira, e as qualidades objetivas das formas e das cores são igualmente ignoradas. A pedra tem de comum com o ferro o fato de ser fria e implacável, ao passo que a madeira é quente, viva e amável; mas a frieza da pedra é neutra e indiferente, é a frieza da eternidade, enquanto que o ferro é hostil, agressivo, maldoso, o que permite compreender o sentido da invasão do mundo pelo ferro.[23] Esta natureza pesada e dissimulada do ferro exige que em sua utilização artesanal ele seja tratado com leveza e fantasia, como o mostram as antigas grades de igreja por exemplo, que são como rendas; a maldade do ferro deve ser neutralizada pela transparência do tratamento, o que não é uma violação da natureza deste metal, mas ao contrário uma legitimação e um aproveitamento de suas qualidades, de sua dureza, de sua inflexibilidade; a natureza sinistra do ferro implica que ele não tem nenhum direito a uma manifestação plena e direta, mas deve ser domado ou quebrado para poder exprimir suas virtudes. Completamente diferente é a natureza

---

22. O mesmo não ocorre, está claro, com a arte sacra, que no Ocidente é exclusivamente a arte dos ícones e das catedrais, e que tem algo de imutável por definição. Mencionemos aqui mais uma vez a arte popular de diversos países da Europa, de origem nórdica, num sentido relativo pelo menos, pois é difícil determinar uma origem precisa a uma arte imemorial; aliás esta arte "rústica", que se conservou sobretudo entre os germanos e os eslavos, não apresenta limites geográficos bem claros, e podemos encontrar alguns motivos fundamentais até na África e na Ásia, sem que seja necessário pensar, neste último caso, em "empréstimos". Trata-se de uma das artes mais perfeitas, e capaz, em princípio, de sanear o caos no qual se debate o que resta de nosso artesanato.

23. A acumulação de uma sucata grosseira e áspera nas igrejas e nos lugares de peregrinação não pode senão prejudicar a irradiação de forças espirituais. Tem-se sempre a impressão que o céu está aprisionado.

da pedra, que em estado bruto tem algo de sagrado, o que é também o caso dos metais nobres; estes são como o ferro transfigurado pela luz ou pelo fogo cósmicos, ou por energias planetárias. Acrescentemos que o concreto – que invade, como o ferro, o mundo inteiro – é uma sorte de contrafação quantitativa e vil da pedra: o aspecto espiritual de eternidade acha-se substituído aqui por uma pesadez anônima e brutal; se a pedra é implacável como a morte, o concreto é brutal como um esmagamento.

Antes de prosseguir, gostaríamos de inserir aqui a seguinte reflexão, que não é sem relação com a expansão do ferro e de sua tirania: alguns poderiam se surpreender com a pressa com a qual os povos mais artistas do Oriente adotam as feiúras do mundo moderno; ora, é preciso não esquecer que, fora de toda questão de estética ou de espiritualidade, os povos sempre imitaram os mais fortes: antes de se possuir a força, deseja-se ter a aparência da força; as feiúras modernas tornaram-se sinônimos de poder e de independência. A beleza artística é de essência espiritual, enquanto que a força material é "mundana"; e como para o "mundano" esta força é sinônimo de inteligência, a beleza da tradição tornou-se sinônimo não apenas de fraqueza, mas também de estupidez, de ilusão, de ridículo; a vergonha da fraqueza se acompanha quase sempre do ódio ao que é considerado como a causa desta aparente inferioridade, a saber, a tradição, a contemplação, a verdade. Se a maioria – não importa em que camada social – infelizmente não tem o discernimento suficiente para superar este lamentável erro de óptica, pode-se, contudo, constatar, um pouco por toda parte, algumas reações salutares.

*

Conta-se que Til Malasartes, tendo sido contratado como pintor na corte de um príncipe, apresentou à assistência uma tela em branco declarando: "Quem não é filho de pais honestos não verá nada nesta tela." Ora, nenhum dos senhores reunidos quis reconhecer que nada enxergava: todos fingiram admirar a tela vazia. Houve um tempo em que esta história podia passar por anedota; ninguém ousaria prever que ela um dia faria parte dos costumes do "mundo civilizado". Em nossos dias, qualquer um pode nos mostrar qualquer coisa em nome da "arte pela arte", e, se protestamos em nome da verdade e da inteligência, respondem-nos que não compreendemos nada, como se tivéssemos uma lacuna misteriosa nos impedindo de compreender, não a arte chinesa ou azteca, sem dúvida, mas as garatujas de um europeu que vive ao nosso lado. Segundo um abuso de linguagem bastante difundido em nossos dias, "compreender" quer dizer "aceitar"; recusar é não compreender; como se nunca acontecesse de se recusar uma coisa precisamente por ser compreendida ou, ao contrário, que algo seja aceito justamente porque não é compreendido!

E isto nos permite expor um erro duplo e fundamental, sem o qual as pretensões dos supostos artistas seriam inconcebíveis: a saber, que uma originalidade contrária às normas coletivas hereditárias seja psicologicamente possível fora dos casos de alienação mental, e que um homem possa produzir uma verdadeira obra de arte que não seja compreendida em nenhum grau por muitos homens inteligentes e cultos pertencentes à mesma civilização, à mesma raça e à mesma época que o suposto artista.[24] Na realidade, as premissas de uma tal originalidade ou singularidade não existem na alma humana normal, nem com mais forte razão na inteligência pura; as singularidades modernas, longe de derivar de qualquer "mistério" da criação artística, não constituem senão erro filosófico e deformação mental. Cada qual se crê obrigado a ser um grande homem; a novidade é tomada por originalidade, a introspecção mórbida por profundidade, o cinismo por sinceridade, a pretensão por gênio, de maneira que se acaba tomando por pintura um esquema de anatomia ou uma pele de zebra; faz-se da "sinceridade" um critério absoluto, como se uma obra não pudesse ser psicologicamente "sincera", mas espiritualmente falsa, ou artisticamente nula. O grande erro desses artistas é ignorar deliberadamente o valor objetivo e qualitativo das formas e das cores e crer-se protegidos num subjetivismo que eles consideram interessante e impenetrável, quando não passa de banal e ridículo;

24. É a "singularidade" elevada a seu ponto máximo, até a caricatura. Sabe-se que a "singularidade" é um defeito estigmatizado por toda disciplina monástica; sua gravidade está em sua conexão com o pecado do orgulho.

seu erro mesmo os obriga a recorrer, no mundo das formas, às possibilidades mais inferiores, como Satã, que, querendo ser tão "original" como Deus, não tinha outra escolha senão o horror. [25] De uma maneira geral, o cinismo parece desempenhar um papel importante num certo moralismo ateu: a virtude é, não se dominar e calar-se, mas deixar-se levar e gritar por sobre todos os telhados; todo pecado é bom, desde que seja proclamado com brutalidade; a luta silenciosa é "hipocrisia", já que se oculta algo. Na mesma ordem de idéias, acredita-se ser "sincero" ou "realista" descobrir cinicamente o que a natureza dissimula, como se ela agisse sem razão suficiente.

A moderna concepção da arte é falsa na medida em que substitui a forma qualitativa pela imaginação criadora – ou mesmo simplesmente pela obrigação de ser criativo –, ou o valor objetivo e espiritual pelo valor subjetivo e conjectural; isto significa substituir o saber e o ofício , que no entanto entram na definição mesma da arte, apenas pelo talento, real ou ilusório, como se este possuísse um sentido qualquer fora das constantes normativas que são seus critérios. É bastante evidente que a originalidade não tem sentido senão por seu conteúdo, exatamente como é o caso com a sinceridade; a originalidade de um erro – ou o talento de um indivíduo incompetente ou subversivo – não poderia apresentar o menor interesse, e mais vale uma cópia bem feita de um bom modelo do que uma criação original que seja a manifestação "sincera" de um "mau gênio".[26] Quando todos querem criar e ninguém quer copiar, quando toda obra quer ser única, em vez de inserir-se em uma continuidade

---

25. A arte moderna ergue igrejas informes e as atravessa com janelas assimétricas que parecem provir de rajadas de metralhadoras, como que traindo deste modo seus verdadeiros sentimentos. Por mais que se gabe da "audácia" de determinada concepção arquitetônica, por exemplo, não se escapa das significações intrínsecas das formas, e não se pode impedir que tal ou qual obra se aparente, por sua linguagem formal, ao mundo das larvas e dos pesadelos; é o espiritismo transmutado em concreto.

26. Acontece de se negar a uma obra o seu valor porque descobriu-se – ou se acredita ter descoberto – que ela não é senão uma "falsificação", como se o valor da obra se achasse fora dela mesma. Na arte tradicional, a obra-prima é na maior parte dos casos uma culminação anônima em uma série de réplicas; a obra de gênio é quase sempre a resultante de uma longa elaboração coletiva. Muitas obras-primas chinesas, por exemplo, são cópias cujos modelos não são conhecidos.

tradicional que lhe dá sua seiva e da qual ela será eventualmente um dos mais belos florões, já não resta ao homem senão gritar seu nada em face do mundo; este nada será sinônimo de originalidade, está claro, pois o mínimo de tradição ou de norma representará o máximo de talento. a mesma ordem de idéias, assinalemos a idéia preconcebida de que um artista deve "se renovar", como se a vida humana não fosse curta demais para justificar esta exigência, ou como se os artistas não fossem por demais numerosos para tornar supérflua a "renovação" de cada qual; seja como for, o fato de que um homem não mude de cabeça todo dia não causa sofrimento, tampouco se espera que a arte persa transmute-se de um dia para o outro em arte polinésia.

O erro da tese da "arte pela arte" equivale, em suma, a pretender que há relatividades que têm sua razão suficiente em si mesmas, em seu próprio caráter relativo e, por conseqüência, que há critérios de valor inacessíveis à inteligência pura e estranhos à verdade objetiva; é a abolição da primazia do espírito, a substituição do espírito pelo instinto ou pelo gosto, portanto pelo subjetivo e pelo arbitrário. Vimos anteriormente que a definição, as leis e os critérios da arte não poderiam derivar da própria arte, isto é, da competência do artista como tal; os fundamentos da arte estão no espírito, no conhecimento metafísico, teológico e místico, não apenas no conhecimento do ofício, nem no gênio, que pode ser qualquer coisa; dito de outra forma, os princípios intrínsecos da arte estão essencialmente subordinados a princípios extrínsecos de uma ordem superior. A arte é uma atividade, uma exteriorização, e portanto depende, por definição, de um conhecimento que a supere e a ordene, sob pena de ser desprovida de razão suficiente: o conhecimento determina a ação, a manifestação, a forma, e não inversamente. Não é absolutamente necessário produzir obras de arte para ter o direito de julgar uma produção artística no que ela tem de essencial; a competência artística decisiva não entra em jogo senão em função de uma competência intelectual prévia.[27] Não há ponto de vista relativo que possa reivindicar

27. Esta pode contudo limitar-se a um mundo tradicional determinado; a competência de um brâmane não se estende aos ícones, ainda que não haja aí nenhum limite de princípio. Uma competência necessária tem o "direito" – mas não o "dever", está claro – de se limitar a determinado sistema de compossíveis.

uma competência absoluta, a menos que se trate de atividades anódinas nas quais a competência não tem de qualquer maneira senão um alcance dos mais restritos; ora, a arte humana deriva de um ponto de vista relativo, ela é uma aplicação, não um princípio.

A crítica moderna tende cada vez mais a colocar as obras de arte em categorias factícias: a arte não é mais do que um movimento; chegamos ao ponto de considerar uma obra apenas em função de outras obras e na ausência de todo critério objetivo e estável. O artista de "vanguarda" é aquele cuja vaidade e cujo cinismo aceleram o movimento; não se buscam obras boas em si – alguns contestarão que isto exista –, mas obras "novas" ou "sinceras", pontos de referência no movimento que é na realidade um deslizamento para baixo e para a dissolução; a "qualidade" não está mais senão no movimento e na relação, o que equivale a dizer que nenhuma obra tem valor; tudo se tornou fugidio e descontínuo. O relativismo artístico destrói a própria noção de arte, exatamente como o relativismo filosófico destrói a noção de verdade; o relativismo, seja ele qual for, mata a inteligência. Quem despreza a verdade não pode em boa lógica apresentar seu desprezo como verdade.

É significativo, nesta ordem de idéias, que se exalte habitualmente um suposto artista "porque ele exprime seu tempo", como se uma época, enquanto tal – portanto algo que pode ser qualquer coisa – tivesse direitos sobre a verdade;[28] se o que um surrealista "exprime" correspondesse realmente ao nosso tempo, esta expressão não provaria senão uma coisa, a saber, que este tempo não vale a pena ser expressado; mas nossa época, felizmente, contém outras coisas além do surrealismo. Seja como for, pretender que uma obra seja boa porque ela "exprime nosso tempo" equivale a dizer que um fenômeno é bom pela simples razão de que ele exprime algo: assim, um crime é bom porque ele exprime uma tendência criminosa; um erro é bom porque

---

28. Chega-se a fazer o mesmo elogio a filósofos; "o existencial", o fato bruto, esmaga por toda a parte o verdadeiro, assumindo o nome deste último. "Nosso tempo" é uma sorte de falsa divindade em nome da qual tudo parece permitido, quer seja no plano do pensamento, quer seja no plano da arte, mesmo "religiosa".

exprime uma falta de conhecimento, e assim por diante. O que os defensores das tendências surrealistas esquecem ou ignoram antes de tudo é que as formas, sejam pictóricas, esculturais, arquitetônicas ou outras, derivam de uma hierarquia cósmica de valores e traduzem quer verdades, quer erros, de maneira que não há aí nenhum lugar para a aventura; a eficácia psicológica das formas, tão benfazeja quando elas são verdadeiras, torna-as ao contrário temíveis quando são falsas.[29]

A fim de dar-se a ilusão de objetividade no deslizamento subjetivo, qualidades imaginárias – e propriamente "histéricas" – são projetadas nas futilidades mais insignificantes: discute-se sobre os matizes de "contraste" e de "equilíbrio" – como se isto não fosse encontrado por toda parte – enquanto pisa-se eventualmente tapetes anônimos que são obras-primas de arte abstrata. Quando qualquer coisa pode ser arte, qualquer um pode ser artista, e as palavras "arte" e "artista" não têm mais nenhum sentido; é verdade que há uma perversão da sensibilidade e da inteligência que descobre nas extravagâncias mais gratuitas novas dimensões, e mesmo "dramas", mas o homem são de espírito certamente não tem que se preocupar com isto.[30] O erro dos surrealistas é acreditar que a profundidade está na direção do individual, que é este, e não o universal, que é misterioso, e que este mistério aumenta à medida que se mergulha no escuro

29. A oposição entre o "modernismo" e o "integrismo" no mundo católico engloba evidentemente também a arte. De acordo com o padre Daniélou (*Études*, n. 254), "o integrista vincula as formas efêmeras ao absoluto da substância, ao passo que o modernista assimila esta última à caducidade das formas históricas"; mas aí subsiste um grave equívoco quanto à natureza do que é chamado de "formas efêmeras" e "formas históricas"; é de se temer que alguns aproveitem esta distinção para aceitar o "pecado na arte", como diria Ananda Coomaraswamy, como se fosse indiferente afogar a verdade numa linguagem falsa, e como se as expressões humanas estivessem ao abrigo do mal. Onde está a linha de demarcação entre o "integrismo" e o "progressismo", ou entre a "substância" e as "formas efêmeras"? Pode-se prever que o lugar da primeira será reduzido ao mais terrível mínimo e que todo o domínio da forma tornar-se-á a reserva de caça dos elementos de desintegração.

30. Há obras "abstratas" – bastante raras aliás – que não são nem piores, nem melhores que qualquer escudo africano, mas, então, por que fazer de seus autores celebridades ou, inversamente, por que não contar cada Zulu entre os "gigantes" da arte?

e no mórbido; é um mistério às avessas, portanto satânico; ao mesmo tempo, é uma contrafação da "originalidade" – ou unicidade – de Deus. Mas o erro existe também de um outro lado, aparentemente oposto: a arte torna-se então uma "técnica" sem inspiração, a obra não é mais que uma "construção"; não se trata mais dos resíduos do subconsciente, mas unicamente de razão e cálculo, o que, de resto, não exclui absolutamente as interferências do irracional, assim como o surrealismo intuitivo está longe de excluir os procedimentos artificiais. As afetações "sinceristas" de simplicidade não saem deste mesmo quadro, pois a compressão brutal e o idiotismo não têm nenhuma relação com a simplicidade das coisas primordiais.

Tudo o que acabamos de dizer aplica-se igualmente, de uma maneira ou de outra, à poesia e à música: aqui também alguns se arrogam o direito de chamar "realista" ou "sincero" o que, parece, "exprime nosso tempo", enquanto que a "realidade" a que se referem não é senão um mundo factício ao qual não se pode mais escapar: esta incapacidade apresentando-se como virtude, qualifica-se, com desdém, de "romantismo" ou de "nostalgia" a necessidade inata de harmonia que é própria ao homem normal. A música ultramoderna – "eletrônica" por exemplo – baseia-se no menosprezo de tudo o que entra na própria definição da música, como é também o caso, *mutatis mutandis*, na arte poética; ela já não é mais que um sistema – miseravelmente fabricado – de ruídos que violam o princípio da razão suficiente. Não há nenhuma justificação possível para esta mania pueril de "fazer tábula rasa" de séculos ou de milênios, de "recomeçar do zero", de inventar novos princípios, novas bases, novas estruturas, pois tal invenção é não apenas insensata em si, mas também incompatível com a sinceridade criadora; dito de outro modo, há coisas que se excluem: não se pode fazer brotar do coração uma poesia e ao mesmo tempo inventar completamente a língua na qual ela se exprime. Aqui, como nas artes visuais, o ponto de partida é a crença em uma originalidade quase absoluta, isto é, em algo que não responde a nenhuma possibilidade positiva, pois o senso musical de uma coletividade racial ou tradicional não pode se modificar até em seus fundamentos;[31] pretende-se "libertar" a musica de determinadas "opiniões preconcebidas", "convenções" ou "restrições", mas na realidade ela é "libertada" de sua própria natureza, como se "libertou" a pintura da pintura, a poesia da poesia e a arquitetura da arquitetura; o surrealismo "libertou" a arte da arte, como se "liberta" da vida um corpo, matando-o.

Esta alusão à música nos obriga a indicar que, na época do Renascimento e nos séculos seguintes, a decadência da música e da poesia foi infinitamente menor – se é que ela existiu, ou na medida em que existiu – do que a das artes plásticas e da arquitetura; não há medida comum entre os sonetos de Michelângelo e as obras que o tornaram célebre,[32] ou entre Shakespeare ou Palestrina e as artes visíveis de seu tempo. A música da Renascença, como a da Idade Média, a que ela dá continuidade, sonoriza o que a alma européia possui de grande e de cavalheiresco; ela faz pensar no vinho, no hidromel e nas violas de amor plenas de legendas. A razão desta desproporção entre as artes é que a decadência intelectual – do ponto de vista da inteligência contemplativa, não inventiva – manifesta-se muito mais diretamente nas artes visíveis, que forçosamente põem em jogo elementos de intelectualidade, do que nas artes audíveis ou

31. Temos ouvido censurarem o "método simplista" de tal ou qual música asiática, o que é bem característico de uma deformação que não admite senão o factício e o forçado: tudo é envolvido numa psicose do "trabalho", da "criação", e mesmo da "construção", fatores que se tornam sinônimos de "qualidade", como se a beleza de uma flor ou de um canto de pássaro dependessem de uma "pesquisa" laboriosa e hipercrítica, de uma atmosfera de laboratório e de vivissecção.

32. À parte os sonetos, é sobretudo na escultura que aparece a grandeza humana de Michelângelo, em obras como o Moisés ou a Pietá, independentemente de toda questão de princípios ou de estilo. Quanto à pintura e à arquitetura, esta grandeza é como que aniquilada pelos erros da época, ela se perde na pesadez e no patético, ou nesta sorte de frio gigantismo que também caracteriza as estátuas e que é aliás um dos traços dominantes da Renascença. Esses erros atingem certo paroxismo em Rubens e, sob um aspecto algo diferente, no classicismo ininteligente de um Ingres; por outro lado, eles acham-se mais ou menos atenuados em românticos delicados como Chassériau e Moreau, ou em paisagistas alemães da mesma época. Com os impressionistas, o academicismo cai em descrédito, e gostaríamos de acreditar que foi graças a uma compreensão, por menos profunda que seja; mas não foi assim, pois basta surgir uma moda imprevista para colocar tudo novamente em questão; o academicismo, ademais, já ressuscitou no seio do surrealismo, mas no clima de feiúra opressiva que caracteriza esta escola.

"iterativas", que exteriorizam antes de tudo os estados – e eventualmente as belezas – desta substância sensível que é a alma.[33] Nas artes plásticas e na arquitetura, o Renascimento é a arte da paixão e da megalomania; o barroco é a arte do sonho. Na música, o barroco exterioriza o que o sonho pode ter de amável, de terno, de paradisíaco; nas artes visuais, ele manifesta o que o sonho tem de ilusório e risível, o encantamento que se coagula em pesadelo. No século XIX, a poesia e a música românticas reforçaram e exasperaram os apegos terrenos; é, como todo individualismo sentimental, um terrível germe de dilaceramentos e de dores; mas no romantismo – no sentido mais amplo – há muitas das belezas que desejar-se-ia ver integradas em um amor de Deus. Enquanto a música antiga comportava um valor espiritual que era ainda sensível no fim do século XVIII, a música muda de plano no início do século seguinte e torna-se, de fato, um sucedâneo de religião ou de mística: mais do que na música profana de épocas precedentes, a emoção musical assumia então uma função de desculpa irracional de todas as fraquezas humanas; a música tornava-se hipersensível e grandiloqüente na medida mesma em que a "vida cotidiana" afundava-se num racionalismo cienticista e num materialismo mercantil. Mas, em geral, ainda era uma música verdadeira, portanto vinculada às qualidades cósmicas e suscetível, por conseqüência – ainda que de fato as chances sejam mínimas – de veicular um movimento da alma para o Céu.

Para voltar às artes plásticas, acrescentaremos o que segue, e isto nos servirá ao mesmo tempo de conclusão: para os artistas contemporâneos, e no que diz respeito à arte profana, não poderia se tratar de "voltar atrás" pura e simplesmente, pois jamais se reencontra um ponto de partida; mas seria preciso

33. A arquitetura inglesa foi menos devastada pelo Renascimento e pelo barroco que a da maioria dos países continentais; pode ser que o Anglicanismo, por um desses paradoxos dos quais a história é fecunda, tenha preservado – contra Roma – certa herança medieval em matéria de arte, o que parece ter sido tanto menos difícil quanto os ingleses são menos criativos do que os italianos, os franceses e os alemães. Poder-se-ia sem dúvida fazer observações análogas no que diz respeito à arquitetura popular da Espanha, da Andaluzia sobretudo, onde a influência árabe parece ter desempenhado um papel preservador.

combinar as experiencias válidas do naturalismo e do impressionismo com os princípios da arte normal e normativa, o que aliás alguns artistas, em geral pouco conhecidos, fazem; de fato, a arte moderna – partindo da Renascença – comporta obras de arte mais ou menos isoladas que, ainda que se inserindo no estilo da época respectiva, são-lhe no fundo contrárias e neutralizam-lhe os erros por suas qualidades próprias. No que diz respeito à arte sacra, os modelos e tratamentos canônicos impõem-se sem reservas, pois, se há no homem moderno uma originalidade a que o ser humano pode ter direito, esta não deixará de se manifestar no quadro da tradição, como já aconteceu na Idade Média, segundo as diversas mentalidades no espaço e no tempo. Mas, antes de tudo, seria preciso reaprender a ver e a olhar, e compreender que o sagrado é o terreno do imutável e não da mudança; não se trata de tolerar certa estabilidade artística sobre a base de uma suposta lei da mudança, mas, ao contrário, de tolerar certa mudança sobre a base da imutabilidade necessária e evidente do sagrado; e não basta que haja o gênio, é preciso ainda que ele tenha direito à existência. Inventaram-se palavras como "conformismo" ou "imobilismo" para poder escapar com a consciência tranqüila de tudo o que, no revestimento formal da Revelação, participa necessariamente do Imutável.

Na medida em que uma arte profana pode ser legítima – e ela pode sê-lo, mais do nunca, em nossa época de enfeamento e de vulgaridade – sua missão será transmitir qualidades de inteligência, de beleza, de nobreza; e isto não pode ser realizado fora das regras que nos são impostas não apenas pela natureza de cada arte, mas também pela verdade espiritual que deriva do protótipo divino de toda criação humana.

A Filosofia Perene

O termo *philosophia perennis* – de uso corrente desde a época da Renascença e muito utilizado pelos neo-escolásticos – significa a totalidade das verdades primordiais e universais, e portanto, dos axiomas metafísicos, cuja formulação não pertence a qualquer sistema em particular. Poder-se-ia no mesmo sentido falar de uma *religio perennis*, designando por este termo a essência de toda religião: isto é, a essência de toda forma de culto, toda forma de oração e todo sistema de moralidade, assim como a *sophia perennis* é a essência de todos os dogmas e todas as expressões da sabedoria. Preferimos *sophia* a *philosophia* pela simples razão de que o segundo termo é menos direto e porque evoca, ademais, associações de idéias com um sistema de pensamento completamente profano e muito freqüentemente aberrante.

A chave para a *sophia* eterna é a pura intelecção, ou em outras palavras, o discernimento metafísico. 'Discernir' é 'separar': separar o real e o ilusório, o Absoluto e o contingente, o Necessário e o possível, *Âtmâ* e *Mâyâ*. Acompanha o discernimento, como complemento e operativamente, a concentração, que une: ou seja, tornar-se plenamente consciente – do ponto de partida da *Mâyâ* terrena e humana – de *Âtmâ*, que é simultaneamente absoluto e infinito.

De acordo com alguns Padres da Igreja, 'Deus se fez homem para que o homem possa se tornar Deus'; uma fórmula audaciosa e elíptica, que poderíamos parafrasear de uma maneira vedantina dizendo que o Real se fez ilusório para que o ilusório possa se fazer real; *Âtmâ* fez-se *Mâyâ* para que *Mâyâ* possa realizar *Âtmâ*. Esta é a própria definição de Revelação e de Revelador; de *Dharma* e de *Avatâra*.

O erro decisivo do materialismo e do agnosticismo é o malogro em ver que as experiências cotidianas de nossas vidas estão incomensuravelmente abaixo da estatura de nossa inteligência humana. Se os materialistas tivessem razão, esta inteligência seria um luxo inexplicável; sem o Absoluto, a capacidade de concebê-lo não teria causa. A verdade do Absoluto coincide com a própria substância de nosso espírito; as várias religiões actualizam* objetivamente o que está contido em nossa subjetividade mais profunda. A Revelação é no macrocosmo o que a intelecção é no microcosmo; o Transcendente é imanente ao mundo, se assim não fosse o mundo nem mesmo existiria, e o Imanente é transcendente em relação ao indivíduo, se assim não fosse Ele não superaria o indivíduo.

O que dissemos acerca do alcance da inteligência humana aplica-se também à vontade, no sentido de que o livre arbítrio prova a transcendência de seu fim essencial, para o qual o homem foi criado e em razão do qual o homem é homem; a vontade humana é proporcional a Deus, e é apenas em Deus e por meio d'Ele que esta vontade é totalmente livre.

Poder-se-ia fazer uma observação análoga no caso da alma humana: nossa alma prova Deus porque é proporcional à natureza divina, e o é pela compaixão, pelo amor desinteressado, pela generosidade – e portanto, em última análise, pela objetividade, a capacidade de transcender-se –; é isto, precisamente, o que caracteriza a inteligência e a vontade do homem.

---

* Ver nota na pág. 48 (N. do T.)

E é nestes fundamentos da natureza humana – imagem da natureza divina – que a *religio perennis* tem sua raiz.

*

A expressão doutrinal mais direta da *sophia perennnis* é, sem dúvida, o *Advaita-Vedânta*, com suas noções de *Âtmâ*, *Mâyâ* e *Tat tvam asi*; mas esta doutrina é também encontrada, em uma forma ou outra, mesmo se apenas esporadicamente em alguns casos, nos esoterismos sapienciais de todas as grandes religiões, e isto deve necessariamente ser assim uma vez que toda religião normal – e portanto intrinsecamente ortodoxa – é em si mesma uma expressão indireta e simbólica da *sophia* eterna.

Citamos anteriormente a fórmula patrística que sumaria o Cristianismo e que ao mesmo tempo expressa a *religio perennis*: "Deus se fez homem para que o homem possa se tornar Deus". No Islã, a ênfase não é colocada no mistério da Manifestação Divina; é colocada no mistério da Unidade Divina, e assim na Realidade Divina juntamente com as conseqüências que ela essencialmente abrange; a expressão fundamental disso é o testemunho de fé: "Não há divindade (= realidade) exceto a (única) Divindade (=Realidade)". No Islã, o que salva não é em primeiro lugar a Manifestação Divina; é a aceitação, pela inteligência, da Unidade Divina, e em seguida o fato de tirar daí todas as conseqüências.

Discernir o Real; concentrar-se nele ou, mais precisamente, no que, nele, é acessível a nós; então, conformar-se moralmente à sua natureza; esta é a Via, a única que há. No Cristianismo, o Real é como que absorvido – com vista à salvação do homem – por sua Manifestação humana, o Cristo; a concentração é realizada mediante a união com Ele e mediante todas as formas de oração e ascese que contribuem para esta união, sem esquecer os sacramentos que conferem as graças correspondentes; conformidade moral requer humildade e caridade, e neste ponto o Cristianismo não pode ser distingüido de qualquer outra perspectiva espiritual, exceto pela coloração sentimental específica que dá a estas virtudes.[1]

Quanto ao Judaísmo, ele é peculiar na medida em que coloca toda a ênfase em Deus como parceiro de Seu Povo Eleito, o elo entre as duas partes sendo a Lei; poder-se-ia também dizer que é esta última que recebe toda a ênfase, já que está situada entre Deus e Israel; se Israel é o Povo de Deus, Deus por seu lado é o Deus de Israel, o pacto sendo selado pela Lei Sinaítica. O drama entre Deus e Seu Povo reflete o drama entre *Âtmâ* e *Mâyâ*, com toda a sua ambigüidade e toda a sua glória final, do duplo ponto de vista dos ritmos cósmicos e da Apocatástase.

Completamente diferente das religiões semíticas, e mesmo das religiões arianas, é o Budismo, embora tenha surgido em um clima ariano e teísta: nesta perspectiva, o Absoluto-Infinito não toma a forma de uma divindade objetiva que é ao mesmo tempo transcendente, imanente e onipotente, mas aparece unicamente – pelo menos *a priori* – sob o aspecto de um estado interior, o qual está na realidade além de todos os estados imagináveis, sendo, precisamente, o Estado absoluto e infinito. O conceito de *Nirvâna*, não obstante ser claramente não-teísta, não é por isso "ateísta", já que implica a noção de Realidade Absoluta, Infinita e Perfeita, a qual não poderia ser nada, exceto na aparência e em comparação com o mundo das formas e paixões. De outro ponto de vista, o *Nirvâna* é objetivado na forma do Buda, o que nos traz de volta à fórmula patrística já citada, e que poderíamos

1. Os sacramentos, a sucessão apostólica, a tradição oral e as decisões dos primeiros sete concílios são essenciais ao Cristianismo; ao mais ou menos rejeitar ou atenuar estes elementos, conforme o caso, o Protestantismo parece ter-se colocado em uma posição formal de heterodoxia. Mas não se deve desprezar o fato de que este movimento é o resultado providencial do que nós podemos denominar um "arquétipo espiritual", cujas leis não coincidem necessariamente com a tradição exterior. O batismo e uma piedade fervorosa baseada na Bíblia, na fé, na oração e na moralidade podem bastar para a salvação, pelo menos onde não há dissipações mundanas; esta reserva certamente se aplica aos católicos também. Seja como for, não se deve acusar o Luteranismo original, ou o Calvinismo original, pelas faltas do Protestantismo "liberal" que surgiu mais tarde, e é importante não perder de vista o fato de que certo esoterismo cristão, isto é, o de Boehme e sua linha —sem esquecer o Rosicrucismo –, floresceram num clima de piedade luterana.

parafrasear aqui nos seguintes termos: o *Nirvâna* (o "Estado Divino") fez-se *Samsâra* (= o mundo) de maneira que o *Samsâra* possa tornar-se Nirvâna; ora, o Nirvâna tornado *Samsâra* não é senão o Buda, que na prática é Deus enquanto Logos ou *Avatâra*.

A própria expressão *philosophia perennis*, e o fato de que os que a utilizaram eram na maioria tomistas e, portanto, aristotélicos, levanta a questão de qual é o valor, neste contexto, da sabedoria grega, tanto mais que ela é geralmente apresentada como um sistema meramente humano de pensamento. Em primeiro lugar, por sabedoria grega queremos dizer, não qualquer filosofia da Antiguidade clássica, mas essenciamente o Platonismo com sua raiz pitagórica e seu prolongamento plotiniano; sobre esta base, pode-se até aceitar o Aristotelismo, mas com a condição expressa que ele seja combinado – como no espírito dos filósofos muçulmanos – com o Platonismo no sentido mais amplo, do qual ele constitui então como que uma dimensão particular e mais ou menos secundária.[2] Deve-se então levar em consideração o seguinte, que é essencial: a sabedoria grega pressupõe, por um lado, a iniciação nos Mistérios e, por outro, a prática das virtudes; basicamente, ela pertence à gnose – ao *jnâna* dos hindus –, mesmo quando lida com coisas que não têm conexão com o conhecimento; reconhecidamente, o Aristotelismo não é um *jnâna*, mas não obstante deriva de uma perspectiva que pertence especificamente a esta ordem. O Aristotelismo é uma metafísica que cometeu o equívoco de abrir-se para o mundo, para as ciências, para a experiência, mas que não é menos válida logicamente por causa disso, enquanto que o Platonismo contempla o Céu, os arquétipos, os valores eternos.

Se, por um lado, o espírito grego – por meio do Aristotelismo, mas também e acima de tudo por causa dos sofistas e dos céticos

2. Quanto ao Estoicismo, hesitamos em inclui-lo nesta síntese, a despeito do interesse de seu idealismo moral, e a despeito da influência que exerceu por esta mesma razão. Seu imanentismo panteísta pode ser visto como uma perspectiva intencionalmente fragmentária, voltada exclusivamente para uma moralidade heróica, ou como uma heterodoxia pura e simples.

– motivou a aberração da filosofia profana e racionalista, ele também forneceu, em especial, mediante o Platonismo, elementos que foram muito úteis não apenas para as várias teologias de origem semítica, mas também para as especulações esotéricas que as acompanham e são sobrepostas a elas; não devemos nos esquecer que, para alguns sufis, Platão desfruta do prestígio de uma espécie de profeta, e mestre Echkart o chama de "grande sacerdote" que "fundou a via antes do nascimento de Cristo".

Situadas, em um sentido, nos antípodas da filosofia grega – e alguns sem dúvida se surpreenderão que as mencionemos – estão as tradições díspares e altamente desiguais que podem ser classificadas sob o epíteto de Xamanismo. Por um lado, esta corrente tradicional, testemunha tardia da Tradição Primordial, deu origem à antiga religião chinesa, em seguida às suas duas cristalizações complementares, o Confucionismo e o Taoísmo; é a esta corrente, ademais, que pertencem as antigas religiões mongóis, o Xintoísmo como o Bön e a religião de Genghis Khan. Por outro lado, esta mesma corrente manifesta-se no xamanismo dos índios da América, apesar de o fazer mediante formas muito diferentes das que assume na Ásia; mas o xamanismo americano tem este aspecto em comum com o asiático – e trata-se de algo, ademais, que caracteriza todo o xamanismo hiperbóreo –, ou seja, baseia-se no culto dos fenômenos da natureza e, portanto, em uma espécie de "panteísmo"[3] imanente; em outras palavras, ele encara a natureza virgem como a Manifestação do Princípio Divino, e não de outro modo.[4]

Obviamente, o interesse do xamanismo não está em seu abuso da magia e dos oráculos; está em ter suas raízes na natureza virgem e em seu senso primordial do sagrado, e assim na

---

3. Lembraríamos aqui que o "panteísmo" – como o "politeísmo" – só é um erro quando é interpretado de uma maneira estreitamente literal, segundo o *Deus sive natura* de Espinoza, mas não quando o aspecto de Manifestação pressupõe e inclui o de Transcendência.

4. É difícil saber ao certo – e não temos a intenção de seguir no encalço desta simples questão de fato – se as tradições dos povos que não possuem escrita, as dos africanos por exemplo, também pertencem ao xamanismo – não mongólico, certamente –, ou se elas constituem ramos diferentes da corrente primordial; isto é independente da questão de seu nível atual.

"primordialidade"de suas expressões cúlticas, incluindo o característico fenômeno do "autoprofetismo", do qual, além disso, a função do xamã deriva por exteriorização. A Escritura Sagrada do xamanismo está contida, não em um livro, mas nos símbolos da natureza, por um lado, e na substância da alma, por outro, a alma refletindo, ademais, e prolongando, o mundo exterior; disso resulta, por um lado, que os dogmas desta religião são expressados pelos sinais da natureza circundante e, por outro lado, que alma tem acesso aos mistérios uma vez que é capaz, moralmente e ritualmente, de apartar-se das aparências e entrar em contato com sua própria essência sobrenatural.[5] Tudo isto é verdadeiro em princípio e virtualmente, e não nos deve fazer esquecer a degeneração de vastos setores do xamanismo; mas não são os fatos humanos acidentais que importam aqui, é o princípio encarado e sua realidade fundamental.

Estes remanescentes da Tradição Primordial contêm uma mensagem que é dirigida a todo homem consciente da vocação humana, e esta é a consciência do caráter sagrado do santuário universal constituído pela natureza virgem, o qual inclui desde a mais modesta flor até as estrelas; é também a consciência da imanência, nas profundezas do coração, da Revelação una e total. Mas esta verdade nada seria na prática sem a seguinte verdade, que o xamanismo não pode nos dar, ou seja, que a *religio perennis*, como Doutrina integral e Via salvífica, é inerente às grandes tradições intrinsecamente ortodoxas da humanidade, e que é nelas que se deve buscar, e não em outro lugar.

5. 'Nosso Livro Sagrado é a Natureza', um índio americano nos disse, 'e nossa leitura é a Inspiração'. Desnecessário acrescentar que, nesta religião, não se trata de improvisação e que ela não é acessível – integralmente e *a priori* – a todo homem, mesmo que ele seja índio, especialmente nas condições do mundo atual. Acrescentemos que o Zen repousa sobre o mesmo princípio do autoprofetismo xamanista, enquanto que, por outro lado, este princípio dá origem em nosso tempo às falsificações mais perniciosas, desprezando as mais elementares regras tradicionais. 'Busquem por tudo dentro de vocês', dizem-nos os falsos profetas, sem explicar como, e acima de tudo enquanto aceitam ou criam condições que vão na direção exatamente oposta; tudo isto a despeito das advertências do Logos: 'Aquele que não reúne comigo, dispersa' e, igualmente, 'Sem Mim, nada podeis fazer'.

Entre o Oriente e Ocidente

Foi dito que os vícios característicos do Ocidente moderno são o racionalismo, o materialismo e o sentimentalismo. De acordo com o primeiro, a razão por si só realiza todo o conhecimento; para o segundo, só a matéria dá sentido à vida; quanto ao sentimentalismo, é antes de psicologismo que se deveria falar, além de que não se deve confundir tal ou qual emotividade com a emotividade como tal, nem querer minimizar os defeitos do Oriente exagerando os do Ocidente. Segundo o psicologismo, o espiritual e o intelectual se reduzem ao psíquico, portanto, de certo modo, ao infra-humano; e, bastante paradoxalmente, são racionalistas que o dizem.

É importante compreender, contudo, que o racionalismo "positivista" do Ocidente não exclui a presença de um elemento válido que também deriva da razão, e que é o hábito de se fiar nela em todos os casos em que isso se imponha; portanto, de considerar a natureza das coisas e não de obedecer a reflexos convencionais. Se o ocidental – "livre-pensador" ou não – tem uma tendência a "pensar por si mesmo", corretamente ou não segundo o caso, isto se deve a causas distantes; o espirito ocidental se expressou por meio de Platão e Aristóteles antes de sofrer a influência do fideísmo cristão e, mesmo então, ele não podia impedir-se de recorrer aos filósofos gregos, e isto desde as origens. Por outro lado, se o Ocidente necessitava no fim das contas dessa religião messianista e dramática que é o Cristianismo, é porque o europeu médio era um tipo ativo e aventureiro, e não um contemplativo como o hindu; o atavismo "ariano", porém, devia reemergir cedo ou tarde, e daí o Renascimento e o racionalismo moderno. Sem dúvida, o Cristianismo apresenta elementos de esoterismo que o torna compatível com todos os temperamentos étnicos, mas sua estrutura formal, ou sua feição moral, devia convir ao temperamento fundamental do Ocidente, fosse ele mediterrâneo ou nórdico.

Assinalemos aqui uma curiosa analogia entre o Cristianismo e o Budismo: o primeiro foi, por sua própria natureza, uma mensagem semita para o mundo ariano; o último, também por sua natureza, uma mensagem hindu para o mundo extremo-oriental.

*

Os tradicionalistas acusam demasiado facilmente Copérnico e Galileu de terem destruído a imagem bíblica e ptolomaica do mundo, este tecido espiritualmente eficaz de simbolismo cósmico; eles esquecem que não se pode impedir o homem de fazer descobertas, e que, uma vez feita a descoberta, ele não pode se impedir de tirar dela as conseqüências razoáveis.

Evidentemente, a aparência de um Sol que se levanta no Oriente e se põe no Ocidente não é devida ao acaso; ela está na natureza das coisas e oferece ao homem aquilo de que ele necessita; num certo sentido, a estrutura objetiva do cosmos não é senão o mecanismo de uma realidade-símbolo desejada pela Providência em vista do homem e, por conseqüência, proporcional às exigências de sua natureza. A realidade física conserva, necessariamente, seus direitos – o que implica que ela é, por sua vez, simbólica –, mas é o tradicionalismo que tem a última palavra: antes de mais nada, não basta perceber a realidade objetiva, é preciso também poder assimilá-la; em seguida, há algo de que a ciência chamada "exata" carece gravemente, o conhecimento metafísico, sem o qual, precisamente, algumas realidades – não percebidas pelo homem "primitivo" – não são assimiláveis e tornam-se fator de desequilíbrio e decadência para o homem, como o prova a situação ecológica e cultural do mundo de hoje. Pensamos aqui não somente na astronomia ou na física, mas em todas as ciências, incluindo a medicina; já não se sabe para onde estamos indo.

Havia sabedoria no conceito medieval da "dupla verdade", a teológica e a racional. Pois há o símbolo e há o "fato": ora, o símbolo compreendido vale infinitamente mais que o fato incompreendido. Sob o Olhar divino, é "verdadeiro" aquilo que abre a porta para a Verdade simultaneamente transcendente e imanente; a imagem do Sol nascente tem algo de sagrado porque reflete o mistério da Revelação; o símbolo natural não é apenas uma imagem, ele é um aspecto concreto da coisa simbolizada, e é neste sentido que o Sol parece nos dizer : *Adveniat Regnum tuum*.

A oscilação entre o simbolismo e a "realidade objetiva" faz pensar na existente entre o Oriente e o Ocidente, ou ainda, num certo sentido, entre a "fé" e a "razão", ou entre a tradição e o racionalismo materialista; o que pode exigir toda sorte de precisões e esclarecimentos, menos no plano dos princípios que no dos fatos humanos.

*

Na Índia, como em outras partes do Oriente, a sentimentalidade fideísta combinada com o farisaísmo meticuloso e pesado dos "escribas" teve como efeito um convencionalismo irracional pouco compatível com a serenidade do Intelecto, mas que é contrabalançado pela liberdade quase ilimitada – ou digamos pelo "essencialismo" – dos *yogîs* e das *yogînîs*. De resto, encontramos este gênero de compensação, em um ou outro grau, em todos os mundos religiosos; particularmente, no quadro do Sufismo.

Ao entrar em contato com civilizações tradicionais, o ocidental pode sentir-se fascinado por aspectos de beleza e grandeza nos homens e nas obras de arte, mas pode também sentir-se dolorosamente surpreso por um convencionalismo que não recua ante o absurdo, e eventualmente por crueldades um tanto desnecessárias. Com esta expressão, referimo-nos não às crueldades punitivas que existiam por toda parte, nem às maldades de tiranos paranóicos – incluídos os do século XX –, mas unicamente a uma barbárie gratuita, que em maior ou menor medida, penetrou em seus costumes. Pode-se censurar a alguns ocidentais sua incompreensão dos valores essenciais e profundos dessas civilizações, mas não se pode culpá-los por reações razoáveis ante o irrazoável.

Acontece de orientais se deixarem seduzir pelo mundo ocidental, não porque o veneno da modernidade é contagioso, mas por descobrirem neste mundo valores morais e psicológicos com os quais não estão acostumados; o que os leva, aliás, a subestimar sua pátria ancestral e a querer reformá-la num plano em que, precisamente, não há nada a reformar. A racionalidade dos ocidentais – profana, mas eficaz em seu próprio nível – é tomada por uma superioridade incondicional porque está livre do convencionalismo que complica e oprime o mundo oriental, mas esta racionalidade é espiritualmente inoperante sem o conhecimento metafísico, que é a razão de ser da inteligência.

A possibilidade de se deixar seduzir *a priori*, não pela superioridade material do Ocidente, mas por certa racionalidade natural do homem ocidental, é um fenômeno com muito mais probabilidade de ocorrer com orientais de raça branca do que de raça amarela;* dado que o extremo-oriental é ele próprio naturalmente racional e, conseqüentemente, está em alguns aspectos mais fechado ao convencionalismo sentimental. O extremo-oriental poderia reprovar ao oriental de raça branca o fato de ser um "sonhador", enquanto o branco, por seu turno, poderia censurar o amarelo por ser "pragmático" demais; maneira um tanto simbólica e no mínimo aproximativa de expressar certas diferenças de psicologia racial. Não estão em questão aqui a superioridade ou a inferioridade, e seria em vão que se buscaria, numa matéria tão complexa e sutil, uma solução ao mesmo tempo simples e perfeitamente adequada. Seja como for, ao falar dos povos de raça amarela, nós temos em mente sobretudo chineses e japoneses, sem excluir povos análogos, como os coreanos; o caso dos siameses e malásios é sem dúvida diferente, desde que ambos estão culturalmente próximos seja da Índia, seja do Islã.

---

* Nota: os escritores europeus em geral entendem por "orientais" todos os povos da Ásia, e não somente os amarelos. (N. do T.)

Para voltar ao fundo da questão: pode-se dizer que o Ocidente moderno é "desviado", enquanto o Oriente tradicional é "decadente"; contudo, o homem ocidental possui certas qualidades, a despeito – e parcialmente em função – dos maus hábitos de sua ambiência; o homem oriental, por seu turno, veicula os tesouros de sua tradição, malgrado a inevitável decadência de seu mundo. Poder-se-ia também dizer que o ocidental é razoável – relativamente, é claro – no plano das contingências, mas que ele esquece o essencial, ao passo que o oriental é mais ou menos irrazoável no acidental, ao mesmo tempo em que vive sob a hipnose do Absoluto; ou ainda, que o primeiro olha para o mecanismo das coisas, e o outro as intenções divinas; seja como for, lembremos que o homem foi criado livre, e guardemo-nos contra um esquematismo expeditivo e irrealista. O autor destas linhas é um europeu que aceitou a metafísica desde sua adolescência, e com alegria, sem jamais sentir em si mesmo uma hereditariedade "ocidental" que se opusesse às exigências de sua vocação: *et Pax hominibus bonae voluntatis.*

*

Se o oriental, por seu tradicionalismo, fosse aquele homem totalmente superior que alguns imaginaram, ele não se modernizaria com um zelo tão desmedido, e tão surpreendente de sua parte; inversamente, se o ocidental, por sua modernidade, fosse um homem a ser reeducado de alto a baixo, ele não se interessaria pela arte e espiritualidade oriental, algumas vezes com extravagância, mas muitas vezes também com o discernimento e a sensibilidade de pessoas intelectualmente sadias e dispostas a aprender. O problema – ou a solução – não é uma reforma do Ocidente pelo Oriente, mas uma reforma de todo o mundo pela Verdade como tal; e isto não é possível sem uma intervenção do Altíssimo, na qual devemos participar em nosso plano; pois "o Céu ajuda quem ajuda a si mesmo".

Uma circunstância geral que não se deve perder de vista é que estamos na "idade do ferro", a "idade sombria", a *Kali-Yuga*, ou mesmo no fim – particularmente desgraçado – desta era prevista por todas as doutrinas tradicionais. Ora, este período afeta toda a humanidade, e profundamente, de tal forma que não se pode admitir que a decadência existe somente de um lado, e a perfeição somente de outro.

Mas, mesmo que o Oriente não estivesse incluído na *Kali-Yuga*, estaríamos obrigados a constatar que ele não tem unidade, pois é composto de diversos mundos muito diferentes. E se põe então a questão: qual é o Oriente que deve vir em auxílio do Ocidente, reeducá-lo e salvá-lo? Fazemos alusão aqui a uma opinião controversa que está bem longe de servir à causa sagrada da *philosophia perennis*.

*

No que se refere à questão da racionalidade ocidental, que mencionamos acima, deve-se levar em conta o seguinte: o "espírito crítico", se assim podemos dizer, desenvolveu-se num mundo onde todas as coisas são questionadas e onde a inteligência é continuamente levada a um estado de autodefesa; enquanto que o Oriente pôde repousar à sombra do sagrado e do convencional, na segurança de um universo religioso sem fissuras.

No Ocidente, disciplinas como a "ciência das religiões" e a "crítica textual", sejam quais forem seus erros de princípio, beneficiam-se de circunstâncias atenuantes, dadas as irrefutáveis "evidências documentais"; de modo que certas hipóteses podem ser válidas, malgrado a falsidade de seu contexto.

Em resumo: rejeitamos o racionalismo, não por suas críticas da religião humanizada, que são eventualmente plausíveis, mas por sua negação do núcleo divino do fenômeno religioso; uma negação que implica essencialmente a negação da intuição intelectual e, portanto, dessa Presença divina imanente que é o Intelecto. O erro fundamental da racionalidade sistematizada – aliás, é um engano atribuir esta ideologia aos grandes gregos – é colocar o raciocínio falível em lugar da intelecção infalível; como se a faculdade racional fosse toda a inteligência, e a única inteligência.

Na ordem das reações contra o racionalismo, ou simplesmente do que sobreviveu do espírito pitagórico, convém mencionar a antiga "teosofia", que se manifestou – parcimoniosa, mas autenticamente – até o século XIX, por um lado reconciliando o "crer" e o "saber" e, por outro lado, reagindo contra o luciferismo da razão desviada de suas funções normais.

Em uma ordem de coisas totalmente oposta, constatamos o suicídio da razão – ou este "esoterismo da estupidez" – que é o existencialismo em todas as suas formas; é a incapacidade de pensar erigida em filosofia. O racionalismo positivista e democrático tinha que chegar a este ponto.

*

O Ocidente possuía a perspectiva do Conhecimento – a "Filosofia"– por meio de Pitágoras, Platão, Aristóteles, Plotino; se, em última análise, ele necessitava do Cristianismo, é porque ignorava a perspectiva do Amor, exceto nos Mistérios; o Ocidente necessitava de uma religião que lhe oferecesse o Amor de uma forma adequada a seu temperamento. A notar que a racionalidade dos antigos era gravemente desprovida de caridade, e aquela que conhecemos e admitimos em nossos dias é sobretudo uma racionalidade cristianizada, mesmo entre os descrentes.

A Índia apresenta, com o Vedanta shivaíta e shankariano, o ápice da *philosophia perennis*; ela também possui a sua via do Amor, a *Bhakti* vishnuíta e krishinaíta, de modo que ela não necessita, como a Europa, de uma mensagem religiosa eventualmente vindo de fora. Acrescentemos que o gênio hindu – e o gênio espiritual em geral – comporta doi pólos: o discernimento e a contemplação; ora, é a última que predomina entre a maioria; ela predomina *a priori* na *Bhakti*, a via do Amor, enquanto que o discernimento, culminando na consciência da "identidade suprema", floresce no *Jnâna*, a via do Conhecimento.

No que diz respeito à coexistência de "fé" e "razão", o Islã apresenta – em modo religioso, mas também esotérico – um equilíbrio entre os dois pólos, e, em certo sentido, é esta a sua razão de ser; o que implica, precisamente, uma abertura metafísica para o gnóstico: o "conhecedor por *Allâh*".

Um fenômeno significativo da Providência é o encontro, no solo da Índia, do Bramanismo e do Islã: portanto, do *sanâtana dharma*, a mais antiga das grandes Revelações, e do *Islam*, o qual fecha o ciclo das manifestações do Verbo.

René Guénon: Definições

A obra de René Guénon pode ser definida por quatro termos: intelectualidade, universalidade, tradição e teoria.

A obra é "intelectual" porque diz respeito ao conhecimento e porque o considera em conformidade com sua natureza, ou seja, à luz do intelecto, que é essencialmente supra-racional. Ela é "universal" na medida em que encara as diferentes revelações em termos da Verdade una, adotando ao mesmo tempo, de acordo com a ocasião, a linguagem de uma tradição em particular. Além disso, a obra de Guénon é "tradicional" porque os fatos fundamentais que ela transmite estão estritamente em conformidade com o ensinamento das grandes tradições, ou com uma destas tradições quando for o caso de uma forma entre outras. Finalmente, a obra é "teórica", já que ela não trata da realização espiritual, e até mesmo se abstém de assumir o papel de um ensinamento prático e de colocar-se a si mesma no terreno dos ensinamentos de um Ramakrishna, por exemplo.

Isto nos leva à questão do conteúdo: o que converge essencialmente sobre a doutrina metafísica – não o que pode ser chamado de "vida espiritual" – e está subdividido em quatro grandes temas: doutrina metafísica, princípios tradicionais, simbolismo e crítica do mundo moderno.

Abordemos primeiramente a doutrina metafísica. Aqui, o mérito de Guénon não é simplesmente tê-la exposto, mas acima de tudo ter mostrado sua verdadeira natureza, distinguindo-a claramente das "filosofias", no significado corrente deste termo. Este significado, conquanto provavelmente não exclusivo, marca forte predomínio do raciocínio sobre a intuição intelectual, ao ponto de reduzi-la a uma sorte de "acidente" mais ou menos inconsciente. Aqui reside o grande mérito da tese guenoniana: ter lembrado o que o pensamento moderno, à maneira do pensamento "clássico", esqueceu ou procurou esquecer, ou seja, a distinção essencial entre a intuição intelectual e a operação mental ou, em outras palavras, entre o intelecto, que é universal, e a razão, que é individual e mesmo especificamente humana. E isto invalida todas as especulações que carecem de qualquer caráter transcendente; de fato, para atingir a verdade, deve-se despertar em si mesmo a faculdade intelectiva – se isto é possível – e não tentar "explicar" por meio da razão realidades que não se "vêem"; a maioria das filosofias parte de uma espécie de cegueira axiomática, daí suas hipóteses, seus cálculos, suas conclusões, todos desconhecidos na pura metafísica, a dialética desta última sendo baseada na analogia e no simbolismo.

Basicamente, a doutrina metafísica não é senão a ciência da Realidade e da ilusão, e se apresenta, desde o ponto de partida do estado terrestre – e, por conseguinte, com sua extensão cosmológica –, como a ciência dos graus existenciais ou principiais, dado o caso: por um lado, ela distingue, no interior do próprio Princípio, entre o Ser e o Não-Ser ou, em outras palavras, entre o Deus pessoal e a Divindade impessoal; por outro lado, na Manifestação, a metafísica – agora tornada cosmologia – distingue entre o informal e o formal, o formal, por sua vez, estando dividido em dois estados, um sutil ou anímico e o outro grosseiro ou corporal.

O segundo grande tema tratado por Guénon é a tradição ou, mais precisamente, o agregado de princípios que a constituem, qualquer que seja sua forma; podemos dizer que tradição é o que vincula tudo que é humano à Verdade divina. Guénon enfatiza não somente a distinção entre o que é tradicional e o que não é, mas também, no nível da tradição, a distinção entre dois de seus aspectos fundamentais, o exoterismo e o esoterismo, o último ligando-se diretamente à doutrina metafísica.

Quanto ao simbolismo, o terceiro grande tema da obra guenoniana, ele é necessário porque a expressão natural e universal da metafísica é o símbolo. Esta expressão é natural porque reside na natureza das coisas – em outras palavras, em analogias reais – e é universal na medida em que é capaz de aplicações ilimitadas no domínio do Real. O simbolismo tem duas vantagens sobre o raciocínio: em primeiro lugar, longe de opor-se artificialmente àquilo que expressa, ele é, de fato, um aspecto ou uma "encarnação" do que expressa. E em seguida, em vez de meramente sugerir um aspecto de uma dada realidade, ele manifesta vários de seus aspectos ao mesmo tempo e apresenta verdades em suas várias conexões metafísicas e espirituais, abrindo, por conseguinte, "dimensões" incomensuráveis à contemplação.

Finalmente, como quarto grande tema, a obra guenoniana inclui a crítica do mundo moderno; não poderia deixar de incluí-la dado, por um lado, seu caráter intelectual e tradicional e, por outro, sua esfera de ação, que é precisamente este mundo privado de intelectualidade e tradição como fatores determinantes. Esta crítica do modernismo é apresentada sob dois aspectos, um geral e outro detalhado; em outras palavras, o autor critica, por um lado, as tendências específicas da civilização na qual vivemos e, por outro, expressões pormenorizadas desta civilização como, por exemplo, as diferentes formas do "neo-espiritualismo".

*

Como todas as obras de uma amplitude excepcional, a de René Guénon pode dar margem a diferentes interpretações, mas isto não se aplica à sua natureza e às suas aplicações. Em nossa opinião, a função de René Guénon era expor princípios, mais do que mostrar suas aplicações: é na enunciação de princípios fundamentais que seu gênio intelectual é exercido com incontestável maestria; mas, aceitar sem reservas todos os exemplos e todas as deduções que o autor profere através de seus numerosos escritos nos pareceria uma questão de opinião, ou mesmo de fé, especialmente porque o conhecimento dos fatos depende de contingências que não podem intervir no conhecimento principial. Se o intelecto é, por assim dizer, soberano e infalível em seu próprio terreno, ele somente pode exercer seu discernimento no plano dos fatos de uma maneira condicional; além disso, Deus pode intervir neste plano com vontades particulares e algumas vezes imprevisíveis, as quais o conhecimento principial só pode levar em conta *a posteriori*. O plano dos fatos é, em alguns aspectos, o oposto do plano dos princípios, no sentido de que ele compreende modalidades e imponderáveis que estão no extremo oposto do rigor completamente "matemático" das leis universais; pelo menos isto é assim em aparência, e é desnecessário dizer que princípios universais não se contradizem uns aos outros. Mesmo sob o véu da diversidade inexaurível do possível, sua imutabilidade é sempre discernível, desde que a inteligência esteja nas condições necessárias para discerni-lo. Isto significa que a "intuição intelectual" pode depender de fatores muito complexos que, algumas vezes, parecem não ter conexão com as realidades que a inteligência propõe ao entendimento.

Seria prestar um pobre serviço às verdades das quais René Guénon escolheu ser o intérprete dissimular o que, em sua obra, pode ser um empecilho para alguns e uma fonte de confusão para outros, como a experiência nos tem mostrado; sem querer entrar em detalhes, limitar-nos-emos a mencionar o que segue: uma vez que palavras como "intelectualidade" e "espiritualidade" são aplicáveis a diferentes realidades, pode-se dizer que a obra de Guénon é "intelectual" e que é melhor não buscar nela nada senão "idéias"; além disso, não se deve confundir o "temperamento" particular do autor com o Oriente, nem com a mentalidade tradicional em geral. Acrescentaríamos aqui que se pode considerar surpreendente, como Coomaraswamy o faz, o exclusivismo às vezes excessivo da terminologia guenoniana; este aspecto é indubitavelmente análogo ao caráter antes "matemático" – e não "visual" – do pensamento de Guénon, no que diz respeito ao modo de operação, não ao conteúdo intelectual.

Se, no plano doutrinal, a obra de Guénon é única, é talvez importante especificar que isto não provém de uma natureza mais ou menos "profética" – uma proposição que o próprio

Guénon já rejeitara –, mas sim de uma excepcional conjuntura cíclica de circunstâncias, cujo aspecto temporal é este "fim de um mundo" no qual vivemos, e cujo aspecto espacial, como uma função, ademais, do aspecto cíclico, é o ajuntamento forçado das diferentes civilizações; pode-se dizer, assim, que, para o Ocidente, Guénon é o intérprete providencial desta conjuntura, ao menos no nível da doutrina; dizemos "intérprete", mas poderíamos também acrescentar "vítima", no sentido de que esta função demandava atividades e experiências "unilaterais" ou "desproporcionais" que não ocorreram sem deixar marcas profundas no homem e em seus escritos. Seja como for, tal obra teria sido sem objeto num período como a Idade Média, porque o "fim de um mundo" ainda estava demasiado remoto e a sabedoria não era negligenciada como é hoje, como resultado das tendências modernas; ademais, as perspectivas espirituais da Ásia eram praticamente inexistentes para a Europa medieval.

Os modos de participação na obra de Guénon são necessariamente diversos: alguns leitores têm sido influenciados por ela de uma maneira mais ou menos parcial ou superficial, enquanto outros têm sido convencidos pela própria essência da obra; alguns têm sido "convertidos" dos erros correntes de nosso tempo; outros ainda, não necessitados de "conversão", têm encontrado em Guénon o que já pensavam, exceto pela metafísica, que ninguém pode tirar de si mesmo, e que eles receberam de Guénon – à parte outras fontes possíveis mas, na prática, não suficientemente explícitas –, como o próprio Guénon recebeu do Oriente, e como todo oriental recebeu de um outro oriental. De qualquer forma, a função de Guénon consiste essencialmente numa função de transmissão e comentário, e não de readaptação inspirada. "Eu não tenho outro mérito", ele nos escreveu em uma carta, "que o de haver exposto algumas idéias tradicionais com o melhor da minha capacidade." Se esta definição é de fato demasiadamente modesta ao não fazer menção ao elemento especulativo na obra de Guénon, e nem à natureza fundamental das idéias que ele expôs, ela revela não obstante sua intenção e sua natureza.

IBRASA

LIVROS QUE CONSTROEM